当代高校体育教育与体能训练研究

罗　平　刘海洋　著

中国商业出版社

图书在版编目（CIP）数据

当代高校体育教育与体能训练研究 / 罗平，刘海洋
著. -- 北京 : 中国商业出版社，2024. 11. -- ISBN
978-7-5208-3272-4

Ⅰ. G807.4；G808.14

中国国家版本馆CIP数据核字第2024H24V80号

责任编辑：王　静

中国商业出版社出版发行

（www.zgsycb.com　100053　北京广安门内报国寺1号）

总编室：010-63180647　编辑室：010-83114579

发行部：010-83120835/8286

新华书店经销

河北万卷印刷有限公司印刷

*

710毫米×1000毫米　16开　16.5印张　220千字

2024年11月第1版　2024年11月第1次印刷

定价：88.00元

＊　＊　＊　＊

（如有印装质量问题可更换）

前　言

　　体育教育是国家教育的重要组成部分。随着人们健康意识的提高和教育改革的深入，国家越来越重视体育教育的质量和效果。2002 年，中华人民共和国教育部（以下简称教育部）印发《全国普通高等学校体育课程教学指导纲要》，明确提出"要以人为本，遵循大学生的身心发展规律和兴趣爱好，既要考虑主动适应学生个性发展的需要，也要考虑主动适应社会发展的需要"。2014 年，教育部印发了《高等学校体育工作基本标准》。这些文件的落实不仅反映了国家对学生身体健康和全面发展的高度重视，也突出了学校体育教育工作的重要性，强调了高校体育课程教学需要根据时代的发展和学生的需求进行改革和优化。

　　本书基于这样的背景，从多个维度探讨了当前高校体育教育体系和体能训练模式，并对体育教育教学和体能训练给出了实用性指导和建议，以更好地推动高校体育教育教学的开展，促进高校学生的全面发展和体能素质的提升。

　　全书共分为七章。第一章重点介绍了高校体育教育的相关概念；第二章详细分析了高校体育教育的理念、教学目标、教学内容及教学趋势；第三章探讨了多种高校体育的教学模式，展示了这些模式在体育教学中的应用和优化；第四章聚焦高校体育教育的教学评价，强调了评价的内容、原则，并探讨了如何构建科学合理的教育教学评价体系来改进教学和学习；第五章分析了体能训练设计与计划，包括体能训练设计的理论基础、体能训练计划的类型、体能训练计划的制订以及体能训练计划的实施路径；第六章深入分析了体能训练体系，包括力量训练体系、速度训练体系、耐力训练体系、柔韧性训练体系及功能性训练体系，为读者提供了全面的体能训练知识；第七章介绍了体能训练的测试与评价。全书内容层层递进，形成较为系统的论述。

本书紧跟时代发展，融入了当前高校体育教育和体能训练领域的新理论与教学实践，精心设计安排结构，章节之间衔接有序、环环相扣，使读者能够逐步深入了解并系统掌握高校体育教育及体能训练的核心知识。本书由吉安职业技术学院罗平和东北石油大学秦皇岛校区刘海洋共同撰写完成，其中罗平撰写第四、第五、第六章及辅文部分，共计约11.3 万字，刘海洋撰写第一、第二、第三、第七章，共计约 10.7 万字。本书适合体育教育专业的学生、高等教育机构的体育教师、体育教育管理者、相关政策制定者以及对体育教育感兴趣的相关人员阅读。

由于时间和个人水平的限制，书中可能存在一些疏漏和不足，欢迎广大读者批评、指正。衷心希望本书能够为体育教育的发展以及体能训练系统的提升提供有价值的信息和参考。

罗　平　刘海洋

2024 年 7 月

目　录

第一章　高校体育教育 …………………………………………………… 1

第一节　高校体育教育的内涵与特征 ……………………………… 1

第二节　高校体育教育的地位与作用 ……………………………… 7

第三节　高校体育教育的目标与任务 ……………………………… 12

第二章　高校体育教育教学 ……………………………………………… 16

第一节　高校体育教育的理念 ……………………………………… 16

第二节　高校体育教育的教学目标 ………………………………… 31

第三节　高校体育教育的教学内容 ………………………………… 43

第四节　高校体育教育的教学趋势 ………………………………… 52

第三章　高校体育的教学模式 …………………………………………… 58

第一节　高校体育教学模式的概念与特征 ………………………… 58

第二节　合作学习式体育教学模式 ………………………………… 65

第三节　多媒体网络式体育教学模式 ……………………………… 71

第四节　翻转课堂式体育教学模式 ………………………………… 77

第五节　俱乐部式体育教学模式 …………………………………… 84

第四章　高校体育教育的教学评价 ……………………………………… 92

第一节　高校体育教育教学评价的内容 …………………………… 92

第二节　高校体育教育教学评价的原则 …………………………… 102

第三节　高校体育教育教学评价体系的构建 ……………………… 109

第五章 体能训练设计与计划 ·· 121

　　第一节 体能训练设计的理论基础 ·· 121

　　第二节 体能训练计划的类型 ·· 137

　　第三节 体能训练计划的制订 ·· 141

　　第四节 体能训练计划的实施路径 ·· 156

第六章 体能训练体系 ·· 163

　　第一节 力量训练体系 ··· 163

　　第二节 速度训练体系 ··· 178

　　第三节 耐力训练体系 ··· 201

　　第四节 柔韧性训练体系 ··· 210

　　第五节 功能性训练体系 ··· 218

第七章 体能训练的测试与评价 ·· 229

　　第一节 体能测试与评价标准的发展 ·· 229

　　第二节 基础体能测试与评价标准 ·· 231

　　第三节 运动体能测试与评价标准 ·· 238

　　第四节 不同人群体能测定与评价标准 ·· 248

参考文献 ·· 253

第一章　高校体育教育

第一节　高校体育教育的内涵与特征

一、高校体育教育的内涵

中国体育教育历史悠久，古代文献中就有我国体育教育的记载。中国古代的教育体系包括礼、乐、射、御、书、数六艺，其中射（射箭）和御（驾车）等内容便是体育技能训练，以此培养古人的身体素质和军事技能，使他们成为朝廷得力的"文臣武将"。此外，在漫长的历史中，不同时期的军事需求也促进了体育教育内容的发展，军事体育成为古代教育中不可或缺的一环。古代的体育教育在培养社会精英中发挥了重要作用，为中国近现代体育教育的理念和实践提供了丰富的思想资源和历史经验。

自中华人民共和国成立以来，随着社会主义事业的全面推进，体育教育在我国经历了显著的发展和变革，体育事业与体育教育的重要性和多样化日益凸显，不仅群众体育和竞技体育实现了飞速的进步，学校体育也得到了迅速发展。在这一过程中，"体育教育"这一概念也逐渐发生变化。起初的体育教育是狭义的体育教育，是指与德育、智育、美育等全面发展的教育目标相结合的一个系统教育过程，它主要致力于通过体育活动增强体质，传授运动技能，同时注重体育与学生个人发展的整合，强调体育锻炼不仅促进身体健康，也促进心理和社会适应能力的全面提高。随着社会的发展，"体育教育"这一概念逐渐扩大，超越了传统教育领域的狭义理解，形成了一个包括高水平竞技运动和普及性体育锻炼在内的广泛概念体系。

高校体育教育是体育教育的一个分支，指的是在高等学校中实施的以提高学生体育能力、增进身心健康、培养良好体育习惯为目的的教育活动。这一教育形式通过系统的体育理论教学、技能训练以及各类体育竞赛和活动，可以全面提升学生的体质、运动技能及心理素质，促进学生的个人成长，提高学生的社会适应能力。高校体育教育的核心在于秉承全面发展的教育理念，提高学生的身体素质，使学生认识到体育活动在个人生活中的重要性，养成持续进行体育锻炼的习惯，从而为其后续的职业发展和生活质量的提升打下基础。

二、高校体育教育的特征

高校体育教育具有鲜明的特征，如图 1-1 所示，这些特征不仅揭示了体育教育与其他学科的本质区别，还强调了它在培养学生综合素质方面的独特价值。分析高校体育教育的各项特征，可以更好地理解和评估它在教育系统中的作用和影响，为教育政策的制定、课程设计与教学方法的优化提供依据。

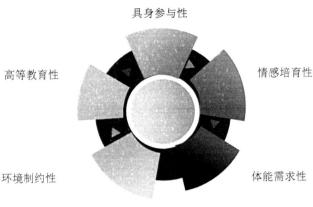

图 1-1 高校体育教育的特征

（一）具身参与性

具身参与是指个体通过身体活动积极参与和体验特定的活动或情境，这种参与强调个体的身体与其周围环境的互动及其相互影响。这一概念认为，身体的动作和感官体验是学习和认知过程中不可分割的一部分，通过身体与环境的直接交互，个体能够更深入地理解和吸收知识。

高校体育的基本目标是增强学生的体质和提高运动技能，这一目标的实现本质上依赖学生身体机能的发展和自身的积极运动。在高校体育实践中，教学过程往往要求学生通过直接的身体参与来掌握各种运动技能。这种参与不仅包括简单的身体活动，而且涉及对运动技能的感知、理解和内化。

在高校体育教育中，教师的具身参与性表现为教师的示范作用。教师的身体示范在高校体育教学中扮演着至关重要的角色。教师通过展示技术动作，为学生提供了学习和模仿的直接动作范例。例如，在教授篮球投篮或足球踢球技巧时，教师的动作示范能够帮助学生理解运动技能的关键要素，如手脚协调、力量控制和平衡维持等。

学生的具身参与是学习过程的核心。通过跟随教师的指导和示范，学生不断地在实际操作中尝试和练习，从而通过肌肉记忆和身体经验来掌握技能。这种学习方式不仅加深了学生对体育运动技能的理解，而且通过实践加强了学生的体能和协调能力。

可以看到，这种具身参与性不仅使体育教学区分于其他理论性学科教学，使其更为生动、更有实效，还促进了学生身体和心理各方面能力的全面发展。这种直接参与的教学模式，确保了体育技能的正确传授和有效学习，是高校体育教育的鲜明特征。

（二）高等教育性

高校体育教育是高等教育的重要分支，因此高等教育性是其显著的特征，这主要体现在教学内容的深度和广度、教育目标的层次性以及教学方法的系统性上。在高等学校，体育教育不仅仅是基础体育技能的传授，更是一种综合素质和高级技能的培养过程，从而全面提升学生的体育能力和相关的认知与社会技能。

从教学内容的角度看，高校体育教育覆盖了从基础体育技能到高级竞技水平的广泛领域。不同于基础教育阶段的体育课程，高校体育教育包括了更多专业化和多样化的体育项目，如田径、游泳、各种球类运动，乃至现代健身训练、舞蹈和武术等。这些课程不仅可以让学生掌握具体技能，还涵盖了运动生理学、体育心理学、运动训练理论等高级知识，为学生提供了全面了解和深入研究体育科学的机会。

高校体育教育的目标具有明显的层次性。高校体育教育除了提升基本的体质健康，更重视培养学生的领导力、团队协作能力、策略思维及快速应变能力。通过体育竞技和团队活动，学生可以学习如何在压力下做出决策，以及如何在竞争和合作中寻找平衡，这些能力在今后的职业生涯中极具价值。

另外，高校体育的教学方法也表现出高度的系统性和科学性。教师不仅使用传统的讲授和示范方法，还采用现代教育技术，如视频分析、生物力学评估工具和虚拟现实技术等，来提高教学效果和精确度。这些方法有助于学生更科学地理解运动机制和技能，同时促使教育本身更加个性化和高效化。

高校体育教育的高等教育性还表现在其对学生终身体育习惯的培养上。高等教育阶段是形成个人长远生活习惯的关键期，高校体育教育通过提供多样化的体育活动和健康生活指导，鼓励学生形成持续的体育锻炼习惯，这对他们未来的健康生活有着深远的影响。

（三）环境制约性

高校体育教育的一个显著特征是其受外界环境的制约，对外界客观条件具有一定的依赖性，这种依赖性在体育教学的实际操作中表现得尤为明显。不同于理论课程，体育教育在实施过程中受到众多环境因素的影响，包括学生个体差异、体育设施和场地的条件、气候条件、如何利用现有环境条件培养学生适应不同环境的能力等。

第一，学生个体差异是高校体育教育必须考虑的重要因素。学生的性别、年龄、体能状态及心理特征等都会对其参与体育活动的效果产生影响。例如，男、女学生在体力和生理构造上的差异要求教学时必须采取不同的训练方法和强度。年轻学生更适合高强度和竞技性的体育活动，而年长或体质较弱的学生则需要更多的适应性训练和体能恢复活动。

第二，体育设施和场地的条件直接影响教学质量和学生的安全。体育设施不充足或老化不仅限制了教学内容的广度和深度，还可能增大学生受伤的风险。此外，高校体育活动往往需要在较大的空间进行，如田径、足球等，如果校园内可用的体育设施有限，会严重制约这些体育项目的开展。

第三，气候条件也是一个不可忽视的因素。极端天气条件，如酷暑或严寒，不仅会影响学生的运动表现，还关乎运动的安全性。虽然很多学校配备了风雨操场以及室内体育馆，但是仍然有很多体育运动，如铅球、足球等由于场地需求，在室内进行教学并不合适。因此，高校体育教育需要考虑到季节变化，合理安排室内外活动，确保教学的连续性和效果。

第四，高校体育教育还应该考虑如何利用现有环境条件培养学生适应不同环境的能力。例如，在冬季可以增加冰雪运动的教学内容，在夏季则可以安排游泳等水上活动，这样不仅丰富了教学内容，也使学生能在不同环境中保持活力和健康。

因此，高校体育教育的环境制约性要求教师在制订教学计划、选择教学方法和安排教学等方面都必须展现出高度的灵活性和应变能力，以确保教学质量和学生的健康安全。

（四）体能需求性

高校体育教育本质上是一种通过体育活动对学生身体进行锻炼的教学。例如，在跑步、跳远、篮球或足球等运动中，学生必须动用全身多个肌肉群，这种全身性的肌肉运动不仅需要学生掌握足够的动作技巧，还需要良好的心肺功能、新陈代谢功能以及强大的体能储备。因此，在这些活动中，学生经常会经历肌肉疲劳和体能消耗，这种生理反应是身体的直接参与和经历生理负荷的直接表现。如果没有强大的体能储备，学生很难完成体育教学过程。

在运动过程中，肌肉群经过反复锻炼，增加负荷，功能得到加强，从而增强体能。教师在体育教学过程中应注重学生的生理承受能力，合理安排运动负荷，循序渐进，不可快速求进，确保活动不仅能达到锻炼效果，也能确保学生的身体安全。通过这种方式，高校体育教育不仅能够帮助学生掌握具体的体育技能，还能够促进他们身体的长期健康和运动能力的提升。

（五）情感培育性

与其他的学科教育主要聚焦于知识传授和实践技能培养不同，高校体育教育尤其注重学生情感、心理素质的培养，更强调通过身体活动来培养学生的心理素质和社会适应能力，这一教学特征是高校体育教育区分于其他高等教育体系学科的显著特征。

体育活动本身就是一种社会化的互动过程，它往往要求参与者在遵守规则的前提下进行竞技和合作，这要求教师不仅要教会学生运动知识和技能，还要引导他们学会如何在运动中、比赛中应对压力、管理情绪、建立团队精神和发展领导能力。例如，在体育活动中，不管是平时的训练还是比赛，失败和遇到挫折是常有的事，学生必须学会接受失败，从失败中吸取教训，因此高校体育教育应该加入相应的教学内容，锻炼学生的心理韧性，增强他们的心理建设。只有通过针对情感的体育教育，学生才能够学到如何在竞争和合作中找到平衡，如何在面对挑战时保持积极和乐观的态度。例如，体育竞技训练常常模拟压力环境，挑战学生的心理极限，帮助他们在实际比赛或生活中遇到压力时能够保持冷静和自信。

即使以后学生不从事体育事业，如走上教师职业岗位，也需要具备丰富的培养心理素质的知识和经验，从而才能更好地教育下一代，为其提供科学的指导。此外，通过体育教育，学生不只学会了体育技能，还学会了如何面对生活的挑战，如何在复杂的社会环境中保持心理健康和活力，这不仅对学生个人的成长至关重要，对于培养能够适应社会需求的全面发展人才也具有重要意义。因此，不论如何，高校体育教育的情感培育和锻炼都是必不可少的内容，而且要放在突出的位置进行培养。

第二节　高校体育教育的地位与作用

一、高校体育教育的地位

19世纪，马克思首次系统地提出了人的全面发展理论，他认为教育应包括智育、体育和技术教育三个方面。① 特别是在《资本论》中，马克思强调："未来教育对所有已满一定年龄的儿童来说，就是生产劳动同智育和体育相结合，它不仅是提高社会生产的一种方法，而且是造就全面发展的人的唯一方法。"② 他认为未来教育应将生产劳动、智育和体育相结合，这不仅能提高社会生产，还是培养全面发展的人的唯一有效途径。

这些教育理念不仅反映了体育教育的重要性，也显示了体育在全人教育中不可或缺的角色。体育教育不仅是培养学生身体素质的途径，还是其个人和社会能力发展的重要基石。这些教育理念的发展和实施，为后来的教育改革和策略提供了理论基础和实践指导，至今仍对现代教育体系的形成和发展产生着深远影响。

我国政府采取多种措施推动体育教育的发展，通过制定具体政策强化体育教育在学校课程中的核心位置，确保学生有足够的体育课程和课外体育活动时间，防止体育课时被其他学科挤占，同时增加体育设施的投资，改善体育场地的条件，使每个学校都具备开展多样化体育活动的能力，这些措施有力地保障和维护了体育教育在学校教育系统中的重要地位。

随着教育理念的发展，全面发展教育得到了大力提倡，全面发展教育是促进学生德、智、体、美、劳多方面发展的教育，体育已无可替代地被纳入了全面发展教育中。体育与德育、智育之间联系紧密，它不仅是学校教育的重要组成部分，而且是培养和促进学生德、智、美等其他素质的基础。

具体来说，体育教育是学生健康的物质基础。健康的体魄不仅是个人生活和学习的基石，也是未来职业生涯的重要保障。通过体育活动，

---

① 人民教育出版社教育室. 马克思恩格斯列宁论教育 [M]. 北京：人民教育出版社，1993：105.

② 中共中央马克思恩格斯列宁斯大林著作编译局. 马克思恩格斯全集：第 23 卷 [M]. 北京：人民出版社，1965：530.

学生可以强身健体、提高抵抗力，也能够通过运动减压，提升心理健康。这种身体与心理的双重益处使得体育教育在学校教育体系中占据了不可或缺的位置。

体育活动不仅仅是身体锻炼的简单过程，更是社会教育和德育的重要途径。在体育活动中，学生必须遵守规则、尊重对手、合作与竞争，这些都是社会道德行为的体现。因此，体育教育通过实践活动帮助学生内化社会规范，培养正直的品格和良好的社会交往能力，这是德育的重要内容。

此外，体育活动对于学生智力的影响也不容忽视。研究表明，有规律的体育锻炼可以改善学生的注意力、记忆力和思维能力。体育活动通过提高大脑的血液循环和氧气供应，有助于提升认知功能。同时，体育比赛中的策略思考、即时决策也是智力锻炼的重要部分。

体育活动的这些独特功能和作用，决定了体育教育在综合性人才教育中的核心地位。体育教育不仅是高素质全人教育的基石，还是传授体育知识和技能的关键课程，对学生的全面发展起着基础性和决定性的作用。

二、高校体育教育的作用

高校体育教育在当今社会发展中扮演着至关重要的角色。作为国民体育的基础，高校体育不仅是实施素质教育的重要组成部分，而且在培养有理想、有道德、有文化、有纪律的社会主义建设人才方面发挥着关键作用。随着社会对人才身体健康和全面发展能力要求的提高，高校体育的地位日益凸显，成为连接学校与社会的重要桥梁，有效推动全民健身战略的实施。因此，深入探讨高校体育教育的功能与作用，对于理解其在现代教育体系中的价值及其对社会的广泛影响尤为重要。总的来看，高校体育教育的作用有以下几个方面。

（一）促进学生身心全面发展

高等教育阶段是学生身体成熟与心理发展的关键时期，也是他们形成正确的世界观、人生观和健全人格的重要阶段。在这一时期，体育教育扮演着至关重要的角色。通过参与体育活动，学生不仅能够促进身体的健康成长，还能在体育活动中学习如何面对挑战和压力，从而培养坚韧不拔和勇于探索的精神。学生参与体育活动可以增强体质和提高运动技能，有助于其形成积极向上的生活态度，提高自我控制能力和培养团队协作精神。此外，定期的体育锻炼还能有效协调学生的心理与生理发展，使他们在面对未来社会挑战时更加自信和从容。

（二）培养学生品德及完善个性

高校体育教育作为培养学生品德和个性的重要方式，通过多样的体育活动有效地促进了品德教育。体育活动中的团队运动，如篮球、足球、排球等，要求学生展示团队协作精神，而个人项目，如田径、游泳则强调自律和个人毅力。这些运动不仅锻炼学生的体能，还在无形中培养了他们的责任感、勇气和毅力。同时，高校通过举行体育比赛，营造公平的竞争环境，可以激励学生追求卓越，培养他们的竞争精神和应对压力的能力。此外，体育活动还是美育的一部分，学生可以在运动中学会欣赏动作的美感和节奏感，从而提升审美和创造力。通过这些体验，体育教育在提升学生心理健康、丰富课余生活方面发挥着不可替代的作用，为学生创造了一个既健康又和谐的校园文化环境。

（三）培养终身体育能力与锻炼习惯

大学阶段的学生具有较强的适应能力、抽象思维能力和综合分析能力，这为系统学习体育知识和技能提供了有利条件。在这一时期，体育教育应侧重于传授科学的体育锻炼方法，提高学生的体育文化素养和审美能力，并鼓励他们培养良好的体育锻炼习惯。通过高校体育教育，学生能够获得必要的体育知识和技能，这不仅提高了他们的运动能力，还使他们理解和欣赏体育活动的文化和美学价值。此外，高校的体育活动也能激发学生自主参与体育锻炼的兴趣。学生自主参与体育锻炼是培养终身体育锻炼习惯的基础，有助于学生维持长期的健康生活方式。

（四）促进职业技能与劳动技能提高

高校体育教育不仅是为了增强学生的体质和健康，还是一个重要的平台，它通过各类体育活动和锻炼来培养学生的基本职业技能与劳动技能。各种体育项目，如攀岩、游泳、潜水以及足球、篮球等团队体育项目等，都能够帮助学生发展特定的身体素质和技能，这些技能在许多专业领域都有直接的应用价值。例如，工程类学科的学生通过参与体力要求高的体育项目，如攀登或远足，可以增强其体力和耐力，这对于未来可能需要在野外进行长时间工作的职业活动尤为重要。同样，医学院校的学生参与篮球运动，可以提高手眼协调能力和手部灵活性，这对于执行精细的医疗操作是极其有益的。此外，经济和管理专业的学生通过参与体育锻炼，可以有效地缓解精神压力和身体疲劳，从而在高压环境中保持决策的清晰性和提高工作效率。因此，体育活动通过提升学生的身体素质和心理健康，为他们在职业生涯中面对挑战提供了支持。

（五）促进体育现代化及全民健身

高校体育教育在推动我国体育现代化和实现全民健身计划方面起到了枢纽的作用。高校聚集了大量的青年学生，是全民健身计划的重要实施场所之一，校园体育活动不仅增强了学生的体质，也普及了健康生活方式的理念。此外，高校借助其丰富的学科资源和先进的科研设施，能够在体育科技、训练方法和运动医学等领域进行创新研究，推动体育学科的发展。高校的运动队在校际比赛和国内外比赛中展现出的高水平运动能力，不仅提高了学校的竞技水平，也为国家培养了众多优秀的运动员和体育人才。通过这些途径，高校体育为推进体育强国的战略目标贡献了力量，也为社会输送了具备良好体育素养的高素质人才。

第三节　高校体育教育的目标与任务

一、高校体育教育的目标

高校体育教育的核心目标是致力于全人教育，激发大学生主动参与体育锻炼的积极性，帮助他们掌握现代体育科学的关键知识、技能及方法。这包括通过体育活动有效地提升学生的体质，促进他们的身心和谐发展，同时建立正确的体育意识和观念。此外，高校体育教育的目标还包括提升学生的体育文化素养，使他们具备独立进行体育锻炼的能力，并培养他们对体育活动的终身兴趣和习惯，从而为他们的全面发展奠定坚实的基础。这一系列目标共同推动学生在体育领域的成长，同时为其未来的个人生活和职业发展提供支持。

高校体育教育作为国家教育体系的一个重要组成部分，肩负着为国家选拔和培养竞技体育人才的任务，高校需要不断创造和优化训练条件，提高有潜力的学生的运动技术水平，为国家体育事业的发展贡献力量。通过系统的训练和教育，高校可以向社会输送具备高尚品质和强烈社会责任感的高素质体育人才，为实现体育强国梦做出贡献。

高校体育教育的最终目标是服务于社会主义现代化建设，与生产劳动相结合，培养德、智、体等全面发展的社会主义建设者和接班人。

二、高校体育教育的任务

高校体育教育的任务可以分为三个方面，如图 1-2 所示。

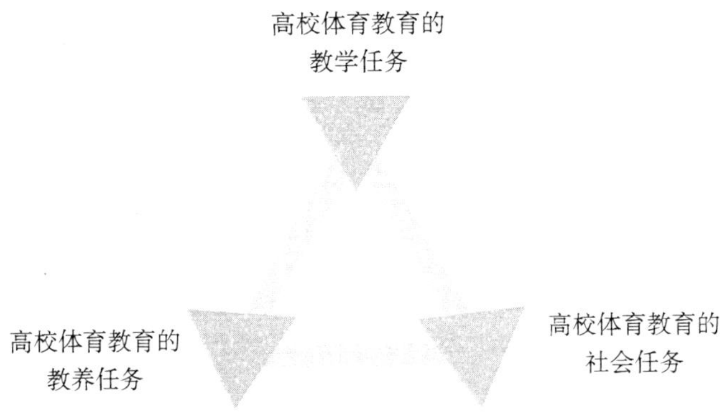

高校体育教育的
教学任务

高校体育教育的
教养任务

高校体育教育的
社会任务

图 1-2 高校体育教育的任务

（一）高校体育教育的教学任务

在高校体育教育中，教学任务的核心在于传递体育知识和技能，确保学生不仅学习到各项运动技能，还能深入理解体育活动的科学原理和文化价值。这一教学任务要求教师不仅教授体育运动的基本技巧和规则，还需教授运动生理、运动心理以及社会文化方面的知识，使学生能够全面理解体育活动的深层意义和社会作用。

高校体育教育应当通过理论与实践的结合，使学生在掌握体育理论的同时，获得体育实践能力和体育技巧。教学内容应包括基本运动技能的训练、体育理论的讲解、运动伤害的预防和处理等，教学方法则应包括实操训练、案例分析、模拟情境等，以有利于学生将理论与实践结合，在实践中逐渐深化对体育学科的理解，并在未来的体育活动中更好地应用所学知识，提高体育技能。

（二）高校体育教育的教养任务

高校体育教育的教养任务强调的是通过体育活动全面提升学生的个人品质和素养。高校体育教育不仅要提高学生的体育知识和技能，而且要促进学生心理和社会能力成长。尤其在全人教育的大背景下，高校体育教育更应注重通过参与体育活动，提升学生的品质和素养，包括坚韧不拔的品质、公平竞争意识、团队意识、爱国精神、人际交往能力、自我管理能力以及解决问题的能力等。

体育教育作为高校教育体系中的重要组成部分，在塑造学生高尚人格和培养其综合素质的过程中承担着不可推卸的责任。高校体育教育的教学过程有助于学生形成正确的道德观念和优良的意志品质，这些品质是学生未来在社会中立足的重要基石。通过团队运动和体育竞技，学生学习如何在遵守规则的基础上进行公平的竞争、如何在挫折中寻找成长的契机、如何在团队中发挥个人的力量，这些都是体育教育中不可或缺的内容。这样的教育不仅对学生个人的全面发展至关重要，也对社会的持续进步与和谐发展具有积极影响。

（三）高校体育教育的社会任务

高校体育教育应通过系统的体育训练和教学培养学生的体育技能，强化他们的身体素质和心理素质，从而使得他们在步入社会时能够以健康的体魄支撑其职业发展和日常生活，同时具备良好的应对压力和挑战的能力。这些具备优秀体育素养的学生，能在各自的领域展示出出色的工作能力和强大的抗压性，对提高社会的整体劳动效率和创造力具有积极影响。

高校体育教育在传承和发展体育文化方面也具有不可替代的作用。高校通过组织各种体育活动和赛事，不仅丰富了校园文化生活，也让学生有机会学习和传承体育精神及相关文化，如团队协作、公平竞争等价值观。这些价值观的培养和普及，对促进社会文明和谐具有重要作用。

高校还直接参与社会体育的推广和普及工作。高校是体育人才的重要培养基地，许多优秀的体育人才和教练均出自高校，他们在校期间的专业培训和竞技经验，将直接影响国家体育队伍的建设和国际体育比赛的表现。通过高水平的体育比赛表现，高校体育教育不仅能提升国家的国际形象，还能激发民族自豪感和凝聚力。因此，高校体育教育不仅为社会输送了高素质人才，还为推进体育强国的战略目标贡献了重要力量。

同时，高校通过开展广泛的社区体育活动和公益项目，助力全民健身运动的推广。这些活动不仅增强了公众的健康意识，还有助于建立积极向上、健康活泼的社会和国家环境，显著地提高了社会的体育文化水平和人民的生活质量。

第二章 高校体育教育教学

第一节 高校体育教育的理念

高校体育教育不仅关乎学生的身体健康，还是促进其心理健康、培养社交能力和综合素质的重要手段。随着社会对健康和全人教育重视程度的提高，高校体育教育理念不断丰富和变化。明确这些理念不仅可以帮助教师更有效地设计课程，满足学生多样化的发展需求，还能够提高高校体育教育教学质量，保障体育教育教学活动的方向性和导向性。目前，高校体育教育理念体系有以下几个重要组成部分，如图 2-1 所示。

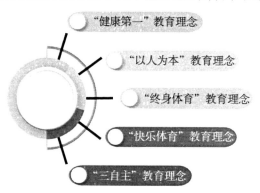

图 2-1 高校体育教育理念体系

一、"健康第一"教育理念

"健康第一"教育理念最初于 20 世纪 50 年代提出，中华人民共和国成立后，百废待兴，教育和体育领域也需要进行全面提升，当时国家面临的一个主要任务是增强全民的身体素质，特别是儿童和青少年，因为他们是国家的未来，他们的健康状况以及身体素质会在很大程度上影响国家未来的长远发展。1950 年，我国提出了"健康第一"的体育教育观。健康教育不仅可以帮助学生提升身体素质，也能促进学生的身体和心理健康，有了健康的身体才能使他们集中力量学习，提高学习效率，从而在学业上取得更好的成绩，进而促进生活质量的提高，形成良性的循环。

进入 20 世纪 90 年代，在中国素质教育改革中，"健康第一"教育理念得到了重新关注和强调。素质教育背景下的"健康第一"新理念更加全面地融入了教育的各个方面，强调在提高学生身体素质的同时，兼顾其心理和社会适应能力的发展，将学生的身心健康放在教学活动的首位。这不仅仅是提高学生的体育技能，更是一个全面的发展目标，包括促进学生的情感、心理、社交和认知健康。在传统教育模式中，高校往往忽视体育教育的重要性，或者仅将体育教育局限于竞技体育的范畴。而"健康第一"教育理念打破了这一局限，强调体育教育在培养学生综合素质中的独特性和重要作用。

在教育实践中，按照"健康第一"教育理念的要求，教师应重新审视和设计课程结构，将体育教学与学生健康密切关联，确保体育活动不再是高校课程表中的附属部分，而是整个教育体系的核心。例如，高校可通过日常的体育课程和校园活动培养学生的团队协作能力、竞争精神和应对压力的能力，同时关注他们的心理健康，为其提供必要的心理辅导和支持。

随着科技的进步和教育观念的不断更新，"健康第一"的理念也需要不断适应新的教育需求和挑战。这包括利用现代技术和教学方法，如通过智能体育设备和数据分析更精准地监测学生的健康状态和体育表现，还包括在心理健康教育方面的创新，确保每一个学生都能在学习环境中找到适合自己的成长路径。

近年来，人类健康面临众多挑战，包括慢性疾病、心理健康问题及传染病的流行等。这些健康问题不仅影响个人的生活质量，也对社会经济造成重大负担。在这种背景下，将健康教育纳入学校教育体系，培养学生健康的生活习惯，掌握并运用健康知识，是应对这些挑战的有效策略。教育不仅仅是传授知识的过程，更是培养学生综合素质的重要途径。联合国的可持续发展目标中有多个目标与健康直接相关，如强调确保健康的生活方式和增进各个年龄群体的福祉。"健康第一"教育理念不仅符合这一目标，还有助于推动实现其他多个与教育等相关的目标。

二、"以人为本"教育理念

（一）"以人为本"教育理念的内涵

"以人为本"是现代教育发展中的一种核心观点，它强调教育系统应当以促进每个个体的全面发展为目标，确保教育活动始终围绕着学生的需求和潜能展开；强调教育系统的根本任务是服务于学生的成长和发展，而不仅仅是传授知识。这一理念的贯彻实施，是对教育目标、内容和方法的深刻反思和重构，从而使教育更加人性化，更加公平和有效。这一理念的提出，标志着从以社会或国家需求为导向的教育模式，向更加关注个体价值的教育方向转变。

具体而言，"以人为本"教育理念强调教育的个体中心性。在这一理念指导下，每个学生都被视为一个独立和独特的个体，有自己的需求、兴趣和潜能。教育的任务是识别和响应这些个体差异，通过提供定制化的学习经验支持每个学生的个性化发展。这种教育理念鼓励教师从学生的实际出发，设计教学活动，使教育不再是一种单向的知识灌输，而是一个互动和个性化的学习过程。

"以人为本"教育理念还强调教育应致力于人的全面发展。这不仅包括智力的培养，还涵盖了情感、社交、道德、身体等多方面的成长。教育的目的不再局限于学术成功或职业准备，而是帮助每个学生发展成为一个理性、健康、有责任感和能够为社会做出贡献的全面发展的人。

在处理个体与社会的关系方面，"以人为本"教育理念提倡平衡的观点。它认为，虽然个体是教育的中心，但个体的成长和发展不可避免地与社会环境和社会结构相互作用。教育应该帮助学生理解和处理这些复杂的社会关系，同时，社会应为个体提供必要的支持和资源，以促进每个人的健康发展。这种观点强调，社会的进步依赖个体的全面发展，而个体的成功也需要社会健康和支持性的环境。

（二）"以人为本"教育理念在高校体育教学中的应用

随着教育理念的进步，"以人为本"教育理念在高校体育教学领域得到了广泛应用，这一理念不仅是体育教育改革的核心，也是推动人类社会可持续发展的重要因素。在高校体育教学中实践这一理念，意味着教师需以学生的全面发展为核心目标，尊重并促进每个学生的个性化成长。

其中，尊重学生的个性和自我价值是基本出发点。这要求高校体育教师认识到每个学生都有独特的身体条件、运动兴趣和发展节奏。教学计划和活动应设计得灵活多样，能够适应不同学生的需要，而不是一味追求统一标准或高强度的竞技性训练。通过提供多样化的运动项目和个性化的训练计划，教师可以帮助学生找到适合自己的运动方式，从而增强其参与体育活动的积极性和自信心。

高校体育教育的目的不仅仅是提高学生的体能和技能，更重要的是通过体育活动促进学生的身心健康和社交能力的全面发展，培养学生的团队精神、公平竞争意识和坚韧不拔的精神。教师应关注学生在体育活动中的情感体验和社交互动，如团队协作、领导力培养以及对待胜负的心态等。在训练和比赛中，教师应鼓励学生展现自我、表达个性，同时教育他们如何健康地应对竞争和压力。

高校体育教师在评价学生的体育表现时，应采用多元化的评价方式，不仅包括期末的体能测试成绩，还包括平时的表现、技战术运用、参与态度及个人进步等方面。终结性评价（如期末考试）和过程性评价（如日常训练表现）应相结合，这种评价方式可以更全面地反映学生的体育水平和努力程度，避免由于单一评价标准造成的学生士气受挫或自满情绪。

高校体育教师在具体的教学活动中，应从"以人为本"的角度出发，细致观察和了解学生在体育活动中的表现和需求，包括学生对体育活动的兴趣、参与度、技能掌握情况及身体健康状态。基于这些观察，教师应及时调整教学方案和方法，以确保每个学生都能在体育课中找到适合自己的发展路径，最大限度地提高个人的体育素养和生活质量。

三、"终身体育"教育理念

（一）"终身体育"教育理念的内涵

"终身体育"的内涵是多维度的，涉及思想、行为、时间、运动项目选择、参与人员等多个层面，不仅提倡增强公众的身体健康，还强调促进心理健康和社会和谐，是现代社会促进公民全面发展的重要途径。

在思想层面，"终身体育"强调的是个体对体育锻炼价值的认知与内化，是一种自发形成的持续参与体育活动的意识。这种意识不仅仅是对体育活动的简单喜爱，更是基于对自身健康和活力的长远考量，体现出体育活动对个人整体生活质量的积极影响。

在行为层面，"终身体育"体现为个体在全生命周期内持续的体育锻炼行为。这种行为模式不是间歇性或阶段性的，而是一种生活的常态，即使面对年龄增长、职业变动等生活阶段的不同挑战，仍能克服各种外部和内部的阻碍坚持体育活动。

从时间维度看，"终身体育"是一项伴随个体从青少年到老年的终身事业。这种长期的参与不仅有助于形成稳定的生活习惯，还能在不同的生命阶段带来相应的健康益处。例如，青少年时期的体育活动有助于增强体质和社交能力，中年时期则有助于管理体重和减轻工作压力，老年时期可以维持身体功能和延缓衰老。

在运动项目选择方面，"终身体育"鼓励人们根据个人兴趣和身体条件自由选择适合自己的运动类型。这种灵活性是"终身体育"可持续的关键，它使每个人都能找到适合自己的方式，享受运动带来的乐趣和益处。

在参与人员方面，"终身体育"面向所有年龄阶段的人群，无论是儿童、青少年、中年人还是老年人，都能在其框架下找到合适的体育活动，享受健康生活。

（二）"终身体育"教育理念在高校体育教学中的应用

体育活动作为增强体质和预防疾病的有效方式，在社会层面已经逐渐被更广泛地认识和接受。但高校学生作为国家的未来以及社会发展的核心力量，他们的健康成长尤为重要，更应该引起重视。

高等教育系统不仅需要关注学生的学术成就，还应关注其体育教育，确保他们能够养成终身参与体育的习惯，建立健康的生活方式，从而成为健康、有能力的社会成员。

此外，高校体育教育还应当使学生成为"终身体育"理念的倡导者和带动者。通过实践和教育，学生应学会如何在未来的职业和社区生活中推广和实践"终身体育"理念。这一理念可以扩展到他们的家庭、朋友圈以及更广泛的社会，从而形成一种积极的、持续的社会影响。

高校体育教育的改革和实践不仅应该培养学生的体育技能和健康习惯，还应该涵盖培养他们的社会责任感和领导力。这样的教育模式将帮助学生理解"终身体育"的重要性,进一步确保这一理念能够深入人心,影响更多人的生活方式,最终提高整个社会的健康水平。

因此,在高校中推广"终身体育"不仅是教育的需求,也是适应社会发展趋势的必然选择。在高校体育教育中强化这一理念,可以帮助学生从年轻时就形成正确的体育观念,进而影响他们的生活方式,提高整个社会的健康水平;可以培养更多理解、珍视并能够传播健康生活理念的社会成员,为社会的持续健康发展奠定坚实的基础。

四、"快乐体育"教育理念

(一)"快乐体育"教育理念的内涵

"快乐体育"教育理念是一种全新的体育教学思想,它将学生的情感体验和个性化发展放在核心位置,通过创造性地构建既注重技能培养又强调学生全人发展的教学方法和教育环境,旨在激发学生对体育活动的热情和兴趣,使体育课不再仅仅是技能训练的场所,还要成为学生身心发展的乐园。这种理念的实施不仅让学生在体育活动中找到快乐,还通过体育教学推动了学生情感、社交和个性的全面发展。因此,这是一种真正意义上以学生为中心的教育模式。

在"快乐体育"教育理念中,教师和学生之间的关系得到了重新定义。传统的权威型教学关系转变为更加平等与合作的伙伴关系,这种变化基于对学生个体差异的尊重和对他们主体性的认可。教师在这种教学模式下,更多地扮演着指导者和激励者的角色,他们通过设计各种有趣的体育活动,使学生能够在参与中发现运动的乐趣,体验成功的喜悦,从而内化为学习的动力。

环境的优化也是"快乐体育"教育理念的一个重要方面。这包括硬环境和软环境的改善,即提供安全、美观的体育设施,创造一个充满支持和尊重的学习氛围。在这样的环境中,学生可以自由表达自己的想法和感受，与同学和教师进行有效沟通，这不仅有助于增强学生的社交技能，还能增进他们之间的感情。

"快乐体育"重视通过情感驱动和协同教学的方法调动学生的学习积极性。情感驱动注重通过各种教学活动激发学生的兴趣和情感，而协同教学则强调在教学过程中教与学的相互作用，通过集体智慧促进学习效果的最大化。"快乐体育"这种教学策略不仅让体育教学更具吸引力，也更能满足学生多样化的学习需求。

（二）"快乐体育"教育理念的优势

1.突出和强调学生的主体地位

"快乐体育"教育理念突出强调学生主体地位的重要性，这一点对传统教育模式构成了挑战和必要的补充。传统教育往往侧重于教师的主导地位和对课程内容的讲解，这种模式在一定程度上忽视了学生的个性化需求和主体参与感，从而影响了学习的积极性和教学的整体效果。"快乐体育"教育理念重视学生的主体地位，教学过程更加注重学生的主动参与和个人兴趣的培养。

"快乐体育"教育理念认为，学生的内在动力是学习活动成功的关键。在这种教育模式下，教师不再是单方面的知识传授者，而变成了指导者和激励者，他们的任务是发掘和培养每个学生的个性化兴趣。教学过程中，教师会通过设计吸引人的体育活动，让学生在享受运动乐趣的同时，自然而然地提升体育技能和体质。这种教学方法有效地维持了学生的学习兴趣和动机，使体育成为一个个人成长和自我表现的平台。

此外，将学生置于教学活动的中心，还有助于培养他们的责任感和自主性。学生在活动中不仅仅是执行者，更是规划和决策的参与者。这种参与感和自主性的提升对学生的个性发展至关重要，有助于形成积极主动的生活态度和解决问题的能力。

因此，"快乐体育"通过强调学生的主体地位，不仅提高了体育教学的质量，还有助于学生人格特征的全面发展。这种以学生为中心的教育理念，是现代教育向更加人性化、个性化发展的重要体现，它鼓励学生在享受运动的同时，更好地认识自我、发展自我，为日后的社会生活打下坚实的基础。

2. 支持学生个性化发展

"快乐体育"教育理念不仅关注学生身体素质的提升和运动技能的发展，还重视学生身心特征的全面培养，尊重和响应学生的个性化需求。

首先，"快乐体育"教育鼓励教师设计与学生身心发展阶段相匹配的教学内容，充分考虑学生的年龄特征、兴趣和运动能力。这使体育教学不再是单一的技能传授，而是成为一种灵活多变、富有创造性的活动，能够激发学生的学习热情。在这一过程中，学生被赋予选择权，可以根据自己的兴趣选择喜欢的体育项目，这有助于提高学生的参与度和满意度，使他们在参与中发现自身的潜力和兴趣。

其次，"快乐体育"教育注重在教学过程中发掘和培养学生的体育潜能。通过各种有趣的体育活动和游戏，教师引导学生在实践中探索和实现自我，使学生在体验运动乐趣的同时能感受到成功。这种教学策略不仅提升了学生的体育技能，更重要的是还增强了学生的自信心和自我价值感。

最后，"快乐体育"教育强调推动学生独立性、自主性和创造性的发展。在教学中，教师不仅提供指导和支持，还鼓励学生自行设定目标和解决问题，从而培养学生解决问题的能力和创新思维。这种教育理念认为，体育活动是学生个性发展的一个重要平台，通过参与体育活动，学生能够学会团队协作，能够提高领导能力和社交技能，这些都是学生未来生活和职业发展中不可或缺的素质。

因此，"快乐体育"教育理念通过其独特的教学方式可以大力促进学生的个性化发展，使学生在体育活动中不仅提升了身体素质，更重要的是还在心理和社会层面得到了全面的成长和提升。这种以学生为中心的教育方式对提高学生的全面素质具有深远的影响和重要意义。

3.有利于构建和谐师生关系

"快乐体育"教育理念强调师生间的和谐关系，这种关系是建立在相互尊重和平等的基础上的。在这一理念下，教师不仅是知识的传递者和技能的教授者，还是学生学习旅程的引导者和合作伙伴。这种关系的核心在于双方的互动与沟通，教师通过积极的态度和开放的心态，鼓励学生表达自己的想法和感受，使得教学过程不仅限于体育技能的提升，也包括情感的交流和价值观的共享。

在"快乐体育"的课堂上，学生被鼓励积极参与，表达自己对活动的看法，提出改进建议，这样的互动不仅增强了学生的参与感，也提升了他们的自信心和自主性。教师在这一过程中扮演的是支持和激励的角色，他们通过创造性的教学方法，如游戏和团队竞赛，让学生在享受运动的乐趣中学习新技能，从而更自然地吸收知识和提升能力。

此外，"快乐体育"教育理念下的师生关系强调平等和尊重，这有助于建立一个更加开放和包容的教学环境。在这样的环境中，学生更愿意分享他们的想法，而教师则能更有效地调整教学策略，满足学生的个性化需求。这种和谐的师生互动不仅促进了学生的全面发展，也让教师的教学更加富有成效和满足感。

因此，"快乐体育"的实施有助于培养一个支持性和积极的学习环境，其中师生之间的相互尊重和平等交流是教学成功的关键。这样的环境不仅能提升学生在体育领域的表现，还能加强他们的社交技能，使其成为更加健全的个体。

五、"三自主"教育理念

（一）"三自主"教育理念的内涵

"三自主"教育理念指的是学习时间自主选择、学习内容自主选择、学习方法自主选择，如图 2-2 所示。

图 2-2　"三自主"教育理念

1.学习时间自主选择

在传统的教育理念中，教学时间和教学安排往往比较固定，学生也没有自主选择的空间，这种教育理念和模式为教学计划的有序进行提供了坚强的保障。然而，体育教学区别于理论性学科的教学，需要对传统的教学计划进行适当的优化。在传统的教学模式中，学生需要进行不同项目的体育训练，往往难以根据自己的实际情况调整和安排学习时间。"三自主"教育理念的推行，尤其是在体育学习时间的自主选择上，标志着体育教学理念转变为更加重视学生自身选择的教育理念。这种变革不仅是对教育管理体制的一种调整，还是对学生角色和地位的一种重新定义。

　　通过允许学生自主选择体育学习的时间，高校实际上是在促进学生根据自己的时间管理能力、学业负担和个人兴趣来安排自己的体育学习。这种灵活性极大地增强了学生的责任感和自主管理能力，使得体育学习不再是被动接受的任务，而是学生根据个人实际需要进行的积极选择，极大地增强了学习的主动性。

　　此外，自主选择还体现了教育的个性化追求。在这种理念指导下，教育不再是一种单一的、标准化的输出，而是变成一种能够适应不同学生不同需求的灵活系统。学生可以在这个系统中找到适合自己的学习时间和方式，从而更好地发挥其在体育学习中的潜力。这种自由度和灵活性不仅有助于提高学生在体育课上的表现，也促进了他们对体育活动的整体热情，从而为培养终身体育习惯和提高整体运动水平打下了坚实的基础。

　　2.学习内容自主选择

　　自主选择体育学习内容是自主教育理念中至关重要的一环，它强调学生根据个人的兴趣和需求选择体育课程内容的自由。这种教育模式不仅强调个性化的学习体验，还努力通过多样化的课程选择来满足学生的不同体育需求，从而促进学生全面发展。

　　在实施这一理念时，高校应该发挥其体育资源的丰富优势，为学生提供广泛的选择空间。这需要学校在课程设计之初，就进行深入的调研，了解学生的兴趣和需求。例如，除了常规的篮球、足球等传统体育课程外，还可以根据学生的偏好引入瑜伽、攀岩或现代舞蹈等多样的体育活动。通过这种方式，学生能够根据自己的兴趣选择合适的体育课程，从而更加积极主动地进行体育学习。

　　此外，专项体育课程的设计也应考虑学生的个性化需求。在完成基础教学后，教师可以让学生根据自己的实际情况选择深入学习的内容，这样的灵活安排旨在促进学生在特定体育项目上的专业发展。这种因人而异的教学策略不仅有助于发掘学生在特定领域的潜力，还可以增强他们的学习兴趣和成就感。

在教学监督和管理方面，确保教学质量是关键。教师应制定明确的教学目标和严格的评估标准，同时在课堂管理上保持高标准，确保教学秩序和教学质量。此外，教师需要加强与学生之间的沟通和交流，建立基于尊重和理解的师生关系。通过这种关系的建立，教师可以更好地理解学生的需求和反馈，及时调整教学内容和方法，以更好地适应学生的学习进程。

3.学习方法自主选择

"三自主"教育理念的第三个"自主"强调学生在学习方法上的自主选择。每一名学生都具有独特的个性和学习需求，因此，教师应当尊重每个学生的个体差异，允许并鼓励学生根据自己的特点和兴趣选择适合自己的学习方法。这种理念上的转变不仅仅是对学生学习自由的肯定，更是对教育个性化的深度追求。在这种教育模式下，教师的角色从传统的知识传授者转变为学习引导者和支持者。教师只需要在教学的过程中提供基础的教学框架和必要的指导，但在具体的学习活动中，学生可以根据自己的偏好选择不同的学习方法，无论是独立练习、小组合作，还是通过游戏化的方式进行技能习得。

例如，在体育技能篮球的三步上篮的学习中，教师可以向学生展示多种练习方法，包括单独训练、分组训练或寓教于乐的游戏练习等。学生可以根据自己的学习风格、偏好或特定的学习目标选择适合自己的方法。这种灵活性不仅能增加学生对体育活动的兴趣，还能有效提高学习效率和技能掌握程度。

更重要的是，通过自主选择体育学习方法，学生能够发展自我管理能力和自我驱动的学习态度。在这个过程中，学生不仅可以学习到体育技能，还能在不断的选择和尝试中了解自身的学习习惯和偏好，逐步构建起自我认知和自我发展的框架。

自主选择体育学习方法的教育理念是对学生个性的尊重和对教育多样性的认可。这种理念的实施有助于培养学生的创新思维和解决问题的能力，也使体育教育更具包容性和有效性，真正实现教育的个性化和人性化目标。

（二）"三自主"教育理念的优势

1.有利于更好地达成教学目标

"三自主"教育理念给予学生更广泛的自主选择权，它不仅关注学生体育技能的提升，而且重视身心健康、个性发展以及社会适应能力的全面提高。通过允许学生在学习时间、内容和方法上做出自主选择，极大地调动了学生的内在动机和参与度，从而有效地支持了教育目标的实现。

赋予学生自主选择的权利，能够直接激发学生对体育学习的兴趣和热情。当学生能够根据个人兴趣和需求选择体育课程时，他们会投入更多的精力和热情，这种积极的学习态度是提高学习效果的关键因素。此外，这种自主选择权还帮助学生学会自我规划和决策，不仅有助于他们在校园内外的体育活动中取得更好的成绩，也有助于其个性和社会能力的健康发展。

"三自主"教育理念还显著提高了学生的社会适应能力。自主选择教育模式下的体育课程鼓励学生参与设计和规划自己的学习过程，这不仅增强了他们的合作意识，也锻炼了竞争意识，使他们能够更好地适应社会的多元需求。

此外，通过参与自主选择的教学活动，学生能够在实践中发现和解决问题，这种经历对于培养他们解决问题的能力和创新思维极为重要。学生在这一过程中不仅学习到了体育技能，还通过不断尝试和调整，了解如何有效地与他人交流合作以及如何在竞争中保持公平和尊重。这些能力都是高等教育需要完成的目标。

2.有利于学生的全面发展

"三自主"教育理念通过强化学生的主体地位和自主选择权,有效地促进了学生的全面发展。这一理念不仅仅关注学生的个性化成长,更着眼于培养学生多方面的综合素质,确保其身心健康,推动智力、情感以及社会适应能力的均衡发展。

在这种教育模式下,学生被视为教学过程的主要参与者,他们的需要、兴趣和意愿成为教学设计的核心。这种变化使得学习过程更加符合学生的内在动机和真实需求,有助于学生在积极主动的学习态度中探索和构建新知。学生依据自己的偏好选择学习内容和方式,不仅能增强他们的学习动力,还能在学习过程中锻炼决策能力、思维能力和解决问题的能力。

此外,学生在自主选择时也培养了责任感和自我驱动力。当学生能够对自己的学习路线做出决策时,他们不仅在学习中表现出更大的热情和积极性,也在实践中学习如何为自己的选择承担责任。这种教育模式不仅增强了学生的求知欲和自信心,还有助于他们在体育活动中展示坚强的意志,这些都是全面发展中不可或缺的要素。

在情感和社交层面,通过参与自选的体育活动,学生不仅能培养对体育的热爱,还能在与同伴的互动中增进社交技能,学习如何在集体中协作并肩负责任。这些技能对于学生的情感发展和社会适应能力的培养至关重要,也能使学生在体育活动中获得情感满足和心理平衡。这种全面关注学生发展的教育模式,不仅提升了学生的体育能力,也促进了他们智力和情感的和谐发展。

3.有利于教师的全面发展

"三自主"教育理念的实施不仅是对学生自主性的一种促进,也极大地推动了教师全面素质的发展。这种教育模式要求教师必须拥有更高的专业技能和更加灵活的教学方法,从而在教师队伍中自然形成了一种促进专业成长的内在动力。

在这种模式下，教师不再是知识的单向传递者，而是变成了学生学习路径的引导者和协调者。这要求教师不仅要深入理解各种体育技能和理论，还要具备根据学生个性和需求调整教学策略的能力。教师需要不断更新自己的教学方法，采用更具创新性和吸引力的教学手段，以满足学生多样化的学习需求。

由于学生在这种教育模式下拥有更多的自由选择权，教师之间的竞争将更加激烈。这种竞争不是简单的优胜劣汰，而是一种激励机制，促使每位教师都不断地自我完善和提升。教师需要展示出高超的体育技能、有效的教学策略和强烈的责任心，这些因素将直接决定他们在学生中的受欢迎程度。

同时，这种模式促使教师更加注重与学生的沟通和互动，以建立良好的师生关系。良好的师生关系是教学成功的关键，它不仅有助于提高教学效果，也是教师职业发展的重要方面。通过这种互动，教师能更好地了解学生的需求和反馈，进一步调整和优化自己的教学方法。

"三自主"教育理念通过促进教师专业技能的提升、教学方法的创新以及师生关系的优化，不仅有助于提升教师的个人职业竞争力，也推动了整个体育教师队伍的质量提高和专业化进程。这对于建立一个高效、动态且充满活力的新型体育教师队伍具有深远的影响。

第二节　高校体育教育的教学目标

一、高校体育教育教学目标的内容

体育教育的教学目标是指在体育活动中期望达到的具体成就和效果，这些目标通常在活动开始之前被明确设定，以确保所有参与者都有明确的行动方向和动力。

根据《教育大辞典》的定义，教学目标是教学预期达到的学习效果和标准。它可以帮助教师确定教学活动的核心内容和方法，使教学过程不是一系列随意的活动，而是有目的、有方向的实践过程。教学目标不仅指导整个教学活动的进行，还可以激发学生的参与热情，增强教学过程的有序性和掌控感。高校体育教育的教学目标是多层次且综合性的，旨在全面提升学生的知识、体能和综合素质。具体来说，高校体育教育教学目标的内容主要包括 4 个方面，如图 2-3 所示。

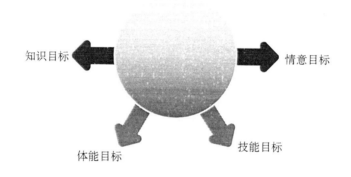

图 2-3　高校体育教育教学目标的内容

（一）知识目标

知识目标是体育教学的核心内容，贯穿整个教学过程。这不仅涉及基本的健康知识、体育概念和原理，还包括对体育锻炼的认识和理解。学生需要了解正确的锻炼方法和不当训练可能带来的运动伤害。此外，体育教学的知识目标还涵盖运动心理学等心理知识，使学生能够理解运动对心理健康的影响。社会学相关知识也不可忽视，学生应当了解体育在现代社会中的地位和意义，认识体育文化的多样性和社会价值。通过这些知识目标的实现，学生能够建立全面的体育知识体系，提高对体育的认识和兴趣。

（二）体能目标

体能目标是指通过系统的体育教学活动，逐步发展和提高学生的体能素质。这些目标包括力量、速度、灵敏和平衡等基本体能素质。例如，力量可分为绝对力量和爆发力，而耐力则包括有氧耐力和无氧耐力。在实际教学中，体育教师通过设计各种训练内容和运动项目，如田径、篮球和足球等，逐步实现提升学生体能的目标。合理的田径项目有助于提升跑步速度和有氧耐力，球类对抗项目则可以提高学生的反应速度和灵敏度。设置明确的体能目标，不仅可以帮助教师有效安排训练内容，还能激励学生在体育活动中不断挑战自我，提高体能水平。

（三）技能目标

在高校体育教育中，技能目标是教学的重要目标之一，是指提升学生掌握和应用各类体育运动技能的目标。这些目标不仅涉及基本运动技能的学习，还包括对运动规则的理解和体育精神的内化。通过明确的技能目标，学生能够有目的地提高在特定体育项目中的表现，如篮球、足球、排球、乒乓球、游泳、舞蹈以及田径项目等。

技能目标的设定应考虑学生的起始水平和潜在能力，因此具有很高的针对性和层次性。这意味着教学目标的设置既要适合初学者，也要满足有一定基础的学生的需求，以促进他们技能的进一步发展。例如，在教授游泳时，对于初学者，技能目标是学会基本的呼吸和浮水技巧；而对于已经能够熟练游泳的学生，则是提高速度和耐力，或者学习更复杂的泳姿。

此外，技能目标的实现不仅是学生达到某种技术水平的标志，还是其自信心、自我效能感以及团队协作能力的体现。在集体运动项目，如篮球或足球中，技能目标还包括了解球队战术、提高场上决策能力以及增强团队合作精神。通过这些集体项目，学生不仅能够提升自己的技能，还能够在与他人的互动中学习如何沟通、协作和领导。

技能目标的设定也应考虑实际的应用场景，确保学生所学技能能够在校内外的体育活动中得到有效运用。例如，通过参与校际比赛或社区体育活动，学生可以将在体育课上学到的技能转化为实际能力，从而更好地体验运动带来的乐趣和成就感。

技能目标的设置和实现有助于学生养成一种终身参与体育活动的习惯，这不仅对他们的身体健康有益，也能够在精神面貌和社交方面带来积极影响。通过系统的训练和持续的努力，学生可以在高校体育教育的支持下，发展成为具有高度体育素养和综合能力的个体。

（四）情意目标

在体育教育中，情意目标占据了极其重要的位置，其主要关注学生心理和情感层面的发展。这些目标不仅涉及学生的心理健康和社会适应能力，还包括人际交往能力等多个方面。随着社会的发展，情意目标的内容也在不断变化，其核心是希望学生能够在价值观、道德情感、心理素质、精神态度和审美情趣等方面更好地适应时代的需求。这些目标的设定可以促进学生心理和情感层面的全面发展。这种发展能够使学生更好地适应社会，增强自我认知和社交能力，最终成为社会中健康、积极的成员。

情意目标的实现有助于提升学生的个体幸福感、归属感以及自我效能感和自我价值感。例如，通过体育教学活动，如团队运动，学生不仅可以提高心理素质，增强团队协作能力，还能培养积极乐观和勇于拼搏的生活态度。这些教学活动通过团队的互动、磨合和交流，可以增强学生的归属感和幸福感，从而有效地实现体育教学的情感教育目标。

对于体育教学工作者而言，清晰地划分教学目标是教学过程中的关键步骤。这种划分使教师可以在教学中有针对性地选择合适的教学内容和方法，如将教学内容明确划分为知识目标或技能目标，选择与之紧密相关的教学活动。这不仅有助于学生更好地掌握教学内容，也使教师能够更清楚地理解实现这些目标所需的时间和资源。

情意目标的设定还鼓励教师创造适宜的教学环境，以促进学生情感的积极发展。在实践中，体育教师可以通过组织各种富有挑战性和团队精神的体育活动，让学生在体验运动乐趣的同时学会如何在社会中更好地与他人互动和合作。

二、高校体育教育教学目标的特点

高校体育教育的教学目标不仅决定课程的内容和深度，还指导教学方法的选择和教学评价标准的制定。分析并明确高校体育教育教学目标的特点有助于教师把握教学目标的本质，满足高等教育面临的社会需求和学生群体的多样化要求，有利于平衡教学方向选择和期望成果。高校体育教育教学目标的特点如图 2-4 所示。

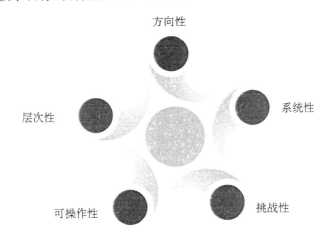

图 2-4　高校体育教育教学目标的特点

（一）方向性

体育教育的教学目标具有方向性，这一特征是确保教学活动能够沿着既定路径有效推进的关键。明确的方向性不仅可以帮助教师和学生了解教学的焦点，也是整个教学设计的基础。

在体育教学中，方向性涵盖了各个方面，从基本技能训练到高级竞技技能的发展，从个人体能提升到团队合作参与竞赛的全面培养。例如，教师在教授篮球时，方向性目标包括基础体能和投篮技巧的学习，进而扩展到比赛策略和团队协作技能的培养。这种目标设定使每一步教学都有明确的目的和要求，确保学生能够在清晰的学习路径上稳步前进，同时这种方向性为教师提供了评估学生学习进展和调整教学策略的依据。

此外，方向性还强调教学内容的适应性和前瞻性。教师需要根据学生的具体情况和社会体育发展的趋势不断调整教学目标。这不仅保证了教学活动的现实意义，也使体育教学能够更好地满足学生的未来需要，如培养学生的体育精神、团队精神及公平竞争意识等，这些都是当代社会特别重视的素质。

（二）层次性

体育教育的教学目标具有层次性。学生在不同阶段需要完成不同层次的学习目标，从而保持学习的连续性和深度，因此教学目标具备层次性的特征。

除了按照技能掌握的难易程度和学生的学习进度进行层次上的划分，高校体育教育教学目标还可以按照时间的长短划分层次。例如，篮球教学的短期目标常聚焦于学生掌握篮球的基础运球和投篮技巧，而长期目标则扩展到如何在实际比赛中应用这些技能，提高比赛表现和团队合作水平。这种长短结合的层次有助于学生从基本动作的掌握逐步过渡到技能的完善和策略的应用。

层次性不仅体现在知识、技能学习上，也应当涵盖情感、心理和社交能力的发展。在初始阶段，学生更专注于技能的个人练习；随着技能的提高，教学目标会逐渐包括团队协作和竞赛压力下的心理调适。这样的设计使学生可以在达成每一个小目标后获得成就感，同时为下一阶段的更高要求做好准备。

这种层次性的教学设计保证了体育教学不仅仅是技能传授，更是学生综合素质提升的过程。通过逐步实现各个层次的目标，学生能够在体育活动中培养自信心、责任感以及团队精神，这些都是现代社会所需的重要品质。

（三）可操作性

可操作性是体育教育教学目标至关重要的特征，它确保教学目标不仅具有理论的指导意义，还能够在实际教学中得到具体的实施和应用。这一特征要求每一个教学目标都应具体明确、足够详细，以便教师能够依据这些目标制订切实可行的教学计划和开展具体的活动。例如，如果体育教育教学的目标是提高学生的足球技能，那么这一目标应细化到具体技能的提升，如传球、射门技术的精准度和策略运用等。

具备可操作性的教学目标允许教师根据学生的具体表现和反馈，调整教学策略和方法，确保教学内容既符合教学目标，也适应学生的实际需要和发展阶段。此外，这种特性还促使教师在设计课程时，能够创设多样化的教学活动，如小组竞赛、技能演练和模拟游戏等，这些活动不仅有助于目标的实现，还能增加学生的参与度和学习兴趣。

高校体育教育教学目标具有可操作性，有利于使教学目标的实现变得量化和可观察，教师可以通过学生的具体表现判断教学目标的实现程度，这也为教学的持续改进提供了依据和动力。通过具体、明确的教学活动，学生能够清晰地认识到自己在学习过程中的进步和成就，从而更好地促进他们的学习动力和自我发展。

（四）挑战性

挑战性是体育教育教学目标的另一个核心特征，它鼓励学生通过克服挑战挖掘和实现自己的潜能。教学目标设定的难度应当适中，以激发学生的学习兴趣和挑战欲，但又不至于过高导致学生感到沮丧。例如，在体育教学中，如果目标是提高学生的长跑耐力，挑战性目标可以是完成一个更长距离的跑步训练或在一定时间内提高跑步速度。

合理的挑战性可以促进学生的自我超越，使他们在不断尝试和努力中增强自信和提高解决问题的能力。这种通过挑战促进学习和成长的过程，不仅有助于学生技能的提升，还有助于培养学生的心理韧性和持久的学习动力。在体育教学中，通过设定逐步升级的挑战目标，教师可以帮助学生逐步建立起应对复杂和困难情况的能力。

此外，挑战性还涉及教学内容的创新性和教学方法的多样性。不断引入新的教学元素和挑战，可以保持教学的活力和吸引力，确保学生始终保持高度的参与感和学习热情。这种持续的挑战和创新是教学成功的关键，它不仅使体育课程充满趣味和挑战，还有助于学生未来在面对各种挑战时，能够表现出更好的适应性和竞争力。

（五）系统性

系统性是体育教育教学目标的一个关键特征。它强调教学目标应与整体教育体系紧密整合，确保体育教育不是一个孤立的部分，而是高校教育活动的有机组成部分。这种系统性能够确保体育教育与高校的其他学科教育相互补充，共同促进学生的全面发展。

在实际操作中，系统性要求体育教育教学目标与高校的总体教育教学目标相一致。例如，如果高校强调培养学生的创新能力和团队协作精神，那么体育教育教学的目标也应设置为增强学生的团队协作能力和通过体育活动激发学生的创新思维。这样的目标设置不仅增强了体育课程的教育意义，也使体育教育能够更好地服务于高校的教育愿景。

此外，系统性还要求体育教学与高校的其他教学活动形成互动和支持的关系。例如，体育教师可以与其他学科教师合作，设计跨学科的教学活动，如将数学与篮球射门统计分析相结合，或者在历史课中讲解奥运历史，并通过体育活动复现历史事件。这种跨学科的教学方法不仅能增强学科间的联系，还能提高学生对学习内容的兴趣和参与度。

系统性还意味着体育教学应该与学生的日常生活和未来的职业发展紧密相关。体育教学不仅应教授技能，还应培养学生健康的生活习惯。因此，体育教学目标应包括教育学生如何将体育活动融入日常生活以及如何利用体育活动提高个人健康水平和社会适应能力。

总之，系统性保证了体育教育教学目标的综合性和实用性，使体育教学不仅仅局限于技能和体能的提升，还成为促进学生智力、情感、社交能力全面发展的重要途径。通过与整体教育体系的紧密结合，体育教学可以更有效地实现其教学目的，为学生未来的学术和职业生涯打下坚实的基础。

三、高校体育教育教学目标设置的依据与分类

在高校体育教育中，对教学目标的分类是确保教学活动系统性和针对性的关键步骤。教学目标需要根据学生的身体和心理发展、技能掌握水平以及社会适应能力等多维度因素进行细致的分类和层次划分，从而提供一个全面、系统的教育方向。以下是高校体育教育教学目标主要的层级，如图 2-5 所示。

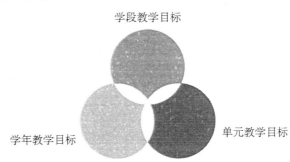

图 2-5　高校体育教育教学目标主要的层级

（一）学段教学目标

学段教学目标是根据我国教育系统的结构设计而制定的，这些目标

涵盖了从小学到大学等不同教育阶段的特定需求。这种分层的目标设定基于学生的生理和心理发展阶段，为学生提供一个符合成长规律的教育路径，确保体育教学活动既系统又具有发展连续性。例如，小学阶段的体育教育教学目标更侧重于基本运动技能的培养和体能的基础建设，如跑、跳、投等基本动作的学习以及团队合作和公平竞争的初步教育；初中和高中阶段则更加注重技能的提升和体育理论的引入，同时增加更多的体育项目选择，如篮球、足球、田径等，以适应青少年的身体发展和竞技水平的提高。

在经过前两个阶段的基础和铺垫之后，到了大学阶段，体育教育教学目标则更为多元和专业化，不仅包括进一步提升体育技能和体能，还涉及更深层次的运动策略学习、健康管理知识以及领导力和团队管理能力的培养，这些都是为了学生未来更广泛的职业发展。

整个学段教学目标的设定，使得体育教育形成一个全面、系统的教学体系，每一个学段的教学活动不仅基于学生当前的发展需求和未来的成长需求设计，也建立在之前学段目标的完成基础之上。这种系统性的设计不仅使体育教学更具科学性和合理性，而且有助于学生在体育活动中建立长久的学习兴趣和持续的身体活动习惯，为其终身健康和社会能力的发展奠定基础。

（二）学年教学目标

确定学段教学目标后，学年教学目标的制定是接下来教学规划中的关键一环。这些目标将学段目标进一步细化，聚焦于每个学年的具体需求，确保体育教学在每个学年都有明确的方向和预期成果。学年教学目标不仅指导一年内的体育教学活动，也设定了学生在该学年期末必须取得的具体学习成果，确保教学活动在实现学生身心全面发展的过程中既具有系统性又具有高度连续性。

学年教学目标的设定需要考虑学生在该学年的成长与发展需求。例如，在高校第一学年，体育教学目标一般侧重于帮助新生适应大学生活，通过团队运动和基础体育技能的学习，增强学生的团队协作能力和社交互动，同时强化基本的体能。而在高年级，教学目标则更加注重提升专项技能，如竞技体育或更高级的健身活动，同时增加专业理论的学习，以适应学生的职业发展和个人兴趣需求。

学年教学目标也是教学评价和学生评估的重要依据。通过设定清晰的年度目标，教师可以更系统地规划课程内容和教学方法，同时学生的学习进度和成就可以依据这些目标进行评估。这种评估不仅帮助学生了解自己在体育学习中的位置和进展，也为教师提供了反馈，用以调整教学策略和改进教学过程。

此外，学年教学目标的设定有助于确保教学内容的连续性和系统性。每个学年的教学目标都是基于学生前一年的学习成果和未来学习需求构建的，这样可以确保学生的体育技能和知识能够在整个教育阶段持续、稳定地发展。例如，若前一年重点培养了基础体能和团队精神，那么接下来的一年可以在此基础上增加个人竞技技能提升和精细化技术训练的课程。

（三）单元教学目标

单元教学目标是对学年教学目标的进一步精细化、个性化，这些目标按照教学内容的不同模块或单元进行划分，通常围绕特定的体育运动项目或运动技能展开。每个单元教学目标代表了教学计划中一个相对独立的教学环节，具体涵盖某一体育项目或技能培养的全过程，从基础知识和技能的介绍到进阶技巧的学习和应用。单元教学目标通过系统化的规划，可以帮助教师更有效地实施教学计划，同时促进学生在体育学习中的全面和均衡发展。

单元教学目标的设置使整个教学过程更加有条不紊，每个单元都有明确的教学焦点和预定成果，有助于教师更加系统地组织课程内容，也便于学生更好地理解和消化学习材料。例如，在一个足球教学单元中，目标包括教授基础的传球和控球技巧、发展进攻和防守策略、提高体能和比赛应变能力等。每个目标不仅具体指导了教学内容的展开，也为评估学生的学习进度和成效提供了依据。

单元教学目标的制定需要基于对课程结构和学生学习需求的深入理解，反映出课程开发者对教学内容和学生学习能力的全面把握。在实施过程中，教师需要根据这些目标设计具体的教学活动和评估方法。每个单元的教学活动都应设计得既能激发学生的学习兴趣，又能有效地帮助他们达到预定的学习目标。例如，教师可以通过模拟游戏、技能挑战、小组竞赛等多样的教学方法实现单元目标，这些活动不仅能够提高学生的技能水平，还能增强他们的团队协作能力和竞争精神。此外，通过阶段性的测试和反馈，教师可以及时了解学生对单元内容的掌握情况，进而调整教学策略，确保教学目标的实现。

单元教学目标的有效性很大程度上取决于教学过程中的持续评价和及时反馈。教师需要定期检查学生对单元教学内容的理解和掌握情况，通过实际操作、技能演示、理论测试等多种方式来评估学生的学习成果。这种评价不仅可以帮助学生巩固学习内容，也促进了教师对教学方法的反思和改进，从而不断提高教学质量。

（四）不同层次目标之间的关系

不同层次教学目标之间应该是逐层递进的关系，这种关系能确保教学内容的系统性发展和学生技能的逐步构建。每个更细微的教学目标都是实现更高层次教学目标的基石。例如，在体育教学中，课时目标的设定通常聚焦于具体技能或知识点的传授，如一节足球课可能旨在提升学生的基本控球技能。当这些课时目标达成后，它们共同支撑起单元目标的实现，如控球技能的提升能帮助完成整个足球单元的教学目标。最终，通过这些单元教学目标的完成，整个学年的教学目标——提高学生的足球整体表现和理解比赛策略——得以实现。这样的层级结构不仅确保了教学活动的有序进行，还有助于教师和学生清晰地认识到每个活动在高层次的教学目标中的位置和意义。

各层次教学目标之间还应该彼此呼应，使教学内容具有连续性和整体一致性。这种关系体现在，无论是相邻的教学单元还是跨学段的教学目标都需要在内容和技能上形成有效的衔接。例如，初级体育的教学目标包括基础体能的增强，这为高级阶段的高级技能学习和体育竞技奠定了基础。在更微观的层面，一个单元内的课时目标虽然各有侧重，但它们共同服务于单元的整体目标，通过不断复习和强化旧的知识技能，同时引入新的技能，确保学生能够在理解和技能上都得到连续的发展。

此外，这种呼应关系还强调在教学方法和学生学习动机上的连续性。通过将新旧知识和技能有效地融合，教师能够利用学生已有的知识框架帮助他们更好地理解新的教学内容，也增强了他们学习的兴趣和教学内容的实用性。这种教学设计确保学生能够在整个学习过程中看到自己的进步和成长，从而更积极地参与体育学习。

第三节　高校体育教育的教学内容

一、高校体育教育教学内容设计与选择的原则

在高等教育中，体育教育的教学内容设计与选择是确保课程有效性和吸引力的关键因素。随着社会对高等教育质量的期望不断提升，特别是在促进学生全面发展方面，高校体育教育教学内容设计与选择秉承一定的原则变得极为重要。这些原则如图2-6所示，它们不仅引导教师科学、系统地构建课程，还确保教学内容能够适应学生的身体和心理需求，使之更加贴近学生的实际需求，同时提高了教学的整体质量和效果，优

化了体育教育课程。

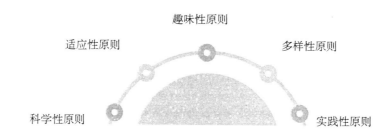

趣味性原则

适应性原则　　　　　　　　　多样性原则

科学性原则　　　　　　　　　实践性原则

图 2-6　高校体育教育教学内容设计与选择的原则

（一）科学性原则

科学性原则要求教学内容的设计与选择应基于体育教学的理论和实践研究。这意味着所选教学活动和课程内容需要有充分的科学依据，能够有效地促进学生的身体健康、体能发展和运动技能提升。例如，体育课程应包括有氧和无氧运动以及力量训练、柔韧性训练等，这些都是基于运动科学研究的综合体育活动。此外，教学内容的设置应符合人体生理和运动心理的规律，适合学生的年龄特点和身体条件。

（二）适应性原则

适应性原则强调教学内容在设计、选择和确定过程中应与学生的实际需求和高校教育目标相适应。这不仅应考虑学生的体能水平和运动技能，还应考虑他们的兴趣和专业背景。例如，对于体育专业的学生，教学内容会更侧重于专业技能的培养和体育理论的深入；而对于其他专业的学生，教学内容更多的是提高基础技能和体能。此外，教学内容还应适应社会发展趋势和就业市场的需求，如增加与现代流行运动和健身潮流相关的课程，使学生能够适应未来的生活和工作环境。

（三）趣味性原则

趣味性原则要求高校体育教育工作者在课程内容的设计、选择与确定过程中充分考虑体育教育教学内容是否具有吸引力和参与感，以确保体育教学不仅仅是技能和体能的训练，更是一种能够提高学生整体生活质量的有趣经历。坚持趣味性原则，可以有效提升学生的学习热情，显著增强学习效果和持久性，提高他们在体育学习中的积极性、创造性和参与度，使体育学习成为一种享受而非负担，最终培养出健康、活跃、具有高度社会适应能力的个体。例如，通过游戏化的教学内容和创新的体育活动，学生能够在轻松愉快的环境中学习体育技能。又如，通过团队竞赛、角色扮演游戏或结合虚拟现实（VR）和增强现实（AR）等现代技术的体育活动，可以大大增加体育课的吸引力，使学生在不知不觉中提高体能和技能。再如，引入流行的舞蹈课程或攀岩、旱冰球等冒险体验活动，可以有效地激发学生的兴趣，增加他们对体育课程的情感投入。同时，充满乐趣的体育活动也是释放压力、改善情绪的有效途径，对于正在经历各种学术和生活压力的大学生尤为重要。体育活动的团队性和互动性为学生提供了社交的平台，学生可以在有趣、放松的环境中通过体育教学活动进行交流，通过共同的兴趣和活动目标建立友谊，提高团队协作能力，这种情感联结可以使学习体验更加深刻，加深学生对技能要点的记忆，促进他们的心理健康发展。此外，学生在享受乐趣的同时进行学习，更容易持续参与体育活动，形成终身体育的习惯。

因此，教学内容的设计和选择应该平衡趣味教学与非趣味教学的比例，达到既能调动学生积极性又能磨炼意志品质的最佳平衡。

（四）多样性原则

多样性原则强调教学内容和活动应广泛覆盖，以满足不同学生的个性化需求和背景。这一原则不仅可以提升体育课程的包容性，还有助于培养学生对体育活动的兴趣和终身参与的态度。

多样性原则要求体育教育应该为所有学生提供平等的参与机会，无论他们的性别、身体能力、种族或经济背景如何。这意味着教学内容需要设计得足够广泛，能够涵盖传统的体育活动，如篮球、足球，也包括瑜伽、舞蹈等新兴的体育活动。通过提供多样化的体育选项，每个学生都能找到适合自己的体育活动，从而增强参与感和成就感，这对于提高学生的自信心和社会归属感至关重要。

多样性原则还有助于激发和维持学生对体育的兴趣。学生来自不同的文化和背景，他们的兴趣也各不相同。提供多种体育活动可以满足更多学生的兴趣，从而增加他们参与体育活动的热情。例如，一些学生可能对竞技体育兴趣浓厚，而另一些学生可能更喜欢参与低强度或非竞技性的活动，如徒步或太极。

遵循多样性原则的体育教育能够促进学生的全面发展。通过参与不同类型的体育活动，学生不仅能够在体能上得到锻炼，还能在心理和情感层面获得提升。不同的体育活动教给学生的技能和培养的素质也各有不同，如团队运动强调合作和领导能力，而个人项目则更多的是培养自律和个人毅力。

（五）实践性原则

体育技能和知识必须通过直接的身体参与和运动实践来掌握，这种特点区别于传统课堂学习模式的听讲、记笔记或在室内解决问题，体育教学要求学生亲身经历和参与具体的体育活动。因此，实践性原则是体育教学内容设计与选择应该秉承的核心原则。

体育活动的实践性确保学生能够通过实际操作理解和掌握体育运动的各种技巧和战略。例如，学生只有通过实际投篮才能真正理解篮球技巧的细节，只有通过亲身参与足球比赛才能充分掌握团队协作和位置感。这种直接参与不仅能帮助学生掌握运动技能，而且能帮助他们通过体验学习过程中的成功和挑战，增强自信心和解决问题的能力。

此外，实践性原则也强调体育活动在促进学生心理健康方面的作用。适当的体育活动能够有效调节学生的情绪，减轻压力，增强心理韧性。在体育活动中，学生不仅在物理层面上活跃，也在心理和情感层面上获得支持和提升。例如，团队体育能够增强归属感和社交技能，独立项目则有助于提高个人的自律性和自我应对挑战的能力。

因此，实践性不仅是体育教学完成教学目标的必要途径，也是体育教育能够综合影响学生身体、心理和社会适应能力的关键因素。通过积极参与，学生不仅可以学习具体的体育技能，也能在更广泛的人生技能（如团队协作能力、领导力和应对压力的能力）上获得提升。

二、高校体育教育教学内容体系的构成

高校体育教育教学内容体系由两部分构成：一是核心教学内容，二是任选教学内容，如图 2-7 所示。

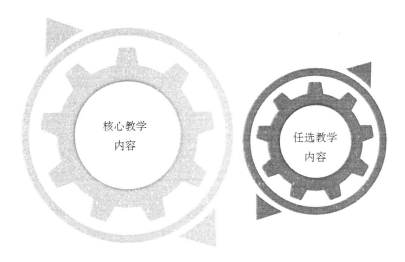

图 2-7　高校体育教育教学内容体系的构成

（一）核心教学内容

核心教学内容包括所有学生必须学习的基础体育技能、运动原理和健康知识，这些内容旨在为学生提供全面的体育教育，确保每位学生都能掌握基本的体育、保健原理与知识以及必要的体育技能。核心教学内容具体包括以下几个方面。

1.体育、保健原理与知识

体育、保健原理与知识是构成高校体育教育基础的核心内容。这一部分内容旨在为学生提供全面的理论基础，使他们能够更好地理解体育活动对身体健康的益处以及如何安全有效地参与各种体育活动。教学通常涵盖运动生理学、运动心理学、健康教育、营养学以及急救知识等，确保学生能从科学的角度理解体育运动对个人健康的影响。

在教学实施中，体育、保健原理与知识常在学期初进行详细介绍，以确保学生在参与实践活动前具备必要的理论知识。此后，这些知识点会根据具体的体育项目和课程内容，持续穿插在实际的技能教学中。例如，在教授篮球或游泳等技能时，教师会解释相关的运动生理机制和安全保健措施，使学生在学习技能的同时能够应用这些保健原则，预防运动伤害，提高运动效果。这种教学方式不仅帮助学生将理论与实践相结合，也培养了他们的思维能力和终身学习能力。

2.田径运动

田径运动作为体育教学的一个重要分支，其在高校体育课程中的地位是不可或缺的。田径运动包括走、跑、跳、投等基本运动技能，这些都是人体最基本的活动能力。由于田径运动涉及的技能是许多其他体育项目的基础，因此，它常被视为体育技能教学的基石。例如，跑步的耐力和速度训练可以直接应用于足球、篮球等球类运动中，而跳高和跳远的技巧对提高体操和篮球等项目的表现也有重要作用。

田径运动的教学不仅包括技能和体能的训练，还应涵盖田径运动的历史、文化和精神。教师应指导学生掌握各种田径项目的技术要领，理解这些技能背后的科学原理以及田径运动对个人综合素质发展的重要性。此外，田径教学也应注重培养学生的竞技精神和团队协作能力，因为许多田径项目如接力赛都需要团队间的密切配合。

通过系统的田径教学，学生不仅能够提升自身的体能和技能，还能深刻理解田径运动对提高人体潜能、培养毅力和增强团队协作意识的重要作用。这样的教学不仅是技能的传授，还是对学生体质、心理和社交能力的全面提升。

3.体操运动

体操运动的教学内容不仅涵盖各种体操技巧和器械使用知识，如地面动作、支撑跳跃、单杠和双杠技术，还包括体操文化和历史的学习。体操运动以其对身体控制和灵活性的高要求而著称，因此教学应着重于技术动作和艺术表达的培养。学生在学习体操的过程中，不仅要掌握各项技术的执行方法，还应理解这些技术背后的生物力学原理及其对身体各部位的影响。

除了技术训练，体操教学还应包括对体操运动发展历史和重要赛事的介绍，让学生了解体操运动的演变及其在世界体育舞台上的地位。此外，通过体操训练，学生可以显著提高自己的体能和体态，增强协调性和平衡感。体操教学还应关注学生的心理发展，如增强自信心和应对比赛压力的能力，为学生的全面发展提供支持。

4.球类运动

球类运动是高校体育教育中极为重要的一部分，涉及足球、篮球、排球、乒乓球、羽毛球和网球等多种运动。这些运动不仅可以增强学生的体能，还能培养团队合作和竞争意识。球类运动的教学内容应全面覆盖运动规则、历史背景、文化意义、礼仪和组织方式等方面，确保学生能全方位了解和欣赏每项运动的独特魅力。

在球类技能训练方面，教学应遵循从基础到高级的顺序，先进行基本技术动作的学习，如足球的传球和射门、篮球的运球和投篮等，然后逐步过渡到战术理解和战术配合的训练。此外，教学还应注重实战能力的培养，通过模拟比赛和实际比赛让学生应用所学技能，提高应变能力和竞技水平。

球类运动的教学还应强调安全意识和运动伤害的预防，确保学生在享受运动乐趣的同时，能够有效保护自己免受伤害。通过系统的教学，学生不仅能够掌握球类运动的技能，还能深入理解体育运动对个人发展的深远影响，为其终身参与体育活动奠定坚实的基础。

5.韵律运动

韵律运动在高校体育教育中逐渐成为一种流行趋势。韵律运动的主要教学内容，如健美操和体育舞蹈不仅锻炼了学生的身体，还提高了他们的节奏感和音乐感。这类课程特别强调身体语言的表达能力和美学设计，能够显著提升学生的身体姿态和形态。

通过韵律运动的教学，学生可以学会如何通过舞蹈动作和节奏表达情感和故事，这对于培养他们的运动美感和表现力至关重要。此外，韵律运动也强调协调性和团队合作，因为许多健美操和舞蹈活动需要小组协作完成。这种类型的体育活动不仅增强了学生的身体素质，还促进了其社交技能的发展，使学生在愉悦和放松的环境中学习。

（二）任选教学内容

任选教学内容的设定是高校体育教学规划中的一个重要组成部分，它为高校提供了展示其独特体育文化和教学创新的机会。任选教学内容具有更多的灵活性，允许学生根据个人兴趣和专业需求选择特定的体育活动或深入学习某些运动项目，能够满足学生多样化的兴趣和需求，从而丰富他们的体育经验和技能。以下是几类主要的任选教学内容。

1.地域性体育项目

高校可以根据所在地区的体育传统和特色开设相应的课程。这些课程往往具有深厚的地域文化背景，能够吸引当地学生并增强其对本土文化的认同感。例如，沿海地区的高校可开设帆船、冲浪等水上运动课程，而山区学校则可开设登山、徒步等户外探险课程。通过这些课程，学生不仅能学习特定的体育技能，还能深入了解和体验当地的自然环境和文化特色。

2.民族传统体育项目

民族传统体育作为中华优秀传统文化的一部分，其在高校体育教育中的传承和推广具有特殊意义。包括武术、龙舟等在内的民族传统体育项目不仅是体力活动，还是一种文化和哲学。这些体育项目深受学生欢迎，因为它们不仅提供了一种独特的体育锻炼方式，还融入了深厚的文化和历史元素。这些项目强调的不仅是技能的掌握，还包括对其文化背景的深入理解。学生在学习技能的同时会了解到每种运动背后的历史意义、哲学思想和健身观念。例如，太极拳的练习不仅能增强体质，还能使精神集中、心态平和，真正做到身心合一。

此外，民族传统体育的教学还能增强学生的民族自豪感和文化认同感。通过系统地学习和练习民族传统体育项目，学生不仅能提高自身的体能，还能深刻理解和欣赏丰富多彩的中华优秀传统文化。这种教育方式有助于保护和传承珍贵的文化遗产，也让学生能够将这些传统技艺和健身知识应用到日常生活中，实现身心的全面健康。

3.现代创新体育项目

随着全球体育新兴运动的流行，高校也可以根据学生的兴趣和国际体育发展趋势，引入一些现代或者创新类体育项目，如街舞、极限运动、电子竞技等。这些项目通常具有较强的娱乐性和观赏性，能够吸引学生的广泛参与。通过这些现代体育项目的引入，高校不仅能够拓宽学生的体育视野，还能提供更多元的体育教学内容，使教学更加贴近学生的生活和兴趣。

4.跨文化体育交流项目

高校还可以开展跨文化体育交流项目，如国际体育节、国际体育运动交流课程等。这类项目能够使学生接触到国际体育文化，了解全球不同国家和地区的体育运动特色。同时，这种跨文化的体育交流也是培养学生国际视野、增强学生跨文化沟通能力的良好机会。

核心教学内容与任选教学内容的有机结构化内容设计，不仅能增强学生核心体育知识与技能的掌握程度，还能增强体育课程的适应性和包容性，以培养学生终身参与体育活动的习惯和热情。

第四节　高校体育教育的教学趋势

随着科技的进步、文化的多元化以及人们健康意识的增强，体育教育的角色正在经历前所未有的变化。这些变化不仅影响教学方法和内容的更新，还关系到如何提高学生的身体健康水平、心理素质和社会适应能力。因此，高校体育教育教学也不是一成不变的，透彻了解和把握体育教育教学的发展趋势，对于设计更符合未来需求的教学策略和课程至关重要，这不仅能够确保学生在竞争激烈的现代社会中掌握必要的技能，增强市场竞争力，还可以帮助学校提高教育适应性，优化资源配置，并提高教学质量，同时增进社会整体的健康和福祉。总的来看，高校体育教育的教学趋势有以下几点，如图2-8所示。

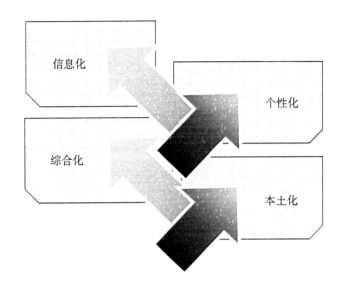

图 2-8　高校体育教育的教学趋势

一、信息化

随着信息技术的飞速发展，体育教学内容和方法正在经历一场信息化的深刻变革。

在这一进程中，体育教育未来不再受限于传统的教室和场地，而是可以通过数字化工具和平台，实现教学活动的快捷、便利和高效转变。这种变革不仅让体育的教学过程变得更加轻松和有效，还极大地拓展了教学的时间和空间界限。例如，体育教师现在可以利用信息技术，如视频及 VR 技术，将复杂的技术动作进行数字化处理，增强动作的可分析性和可习得性，也使学生能够在任何时间和地点，通过手机、平板电脑或计算机，无限制地访问这些教学资源，深入理解运动技能的要领和细节。信息化的教学还可以通过虚拟环境进行技术动作的模拟和训练，学生可以在一个几乎真实的三维空间中观看和模拟技术动作，这不仅使技术动作的学习更加生动和直观，也极大地提高了学习的趣味性和互动性。

此外，移动学习已成为现代教育的一大趋势，体育教学也不例外。学生可以在校园的操场、体育馆，甚至在家里或社区，随时通过连接到互联网的设备学习新技术或者反复观看相关动作分步讲解视频。这种学习方式极大地扩展了学生的学习空间和领域，打破了传统体育教学时间和地点的限制，丰富了第二课堂的学习内容，提高了学生的自主性和学习效率。

信息时代的另一个显著特点是大数据的应用。在体育教育领域，建设大数据平台已成为一种趋势。这些平台能够整合全球范围内的体育教学资源和数据，提供丰富的教学内容和方法，保证教学的连续性、开放性和互动性。通过这些平台，体育教学变得更加个性化和精准，教师能够根据学生的实际表现和需求，提供定制化的教学方案，促进学生终身体育习惯的形成。

信息化教学的发展，不仅改变了教学的方式和手段，还推动体育教育向更加开放、互动和个性化的方向发展。它不仅有助于学生掌握体育技能，还能激发他们对体育活动的兴趣，培养健康的生活方式，同时提高他们的体育文化素养，为他们的全面发展打下坚实的基础。

二、个性化

在过去的几十年里，全球教育理念已从传统的教育理念转变为更注重学生全面和个性化发展的素质教育。这种变化强调教育应适应每个学生的独特需求和潜力，而不是让所有学生适应统一的、标准化的教学内容。体育教育教学领域也不例外，也需要拥抱这种变化。这种理念的转变意味着更多地关注学生的个人兴趣、身体条件和心理健康，从而提供更加定制化的教学活动和课程设计。此外，随着信息技术的发展，知识的获取方式变得多样、便捷，单一的体育教学已无法满足所有学生的需求，学生也乐于寻求能够反映其个性、能力和兴趣的教育体验。

在实际操作中，体育教育的个性化表现为学生提供多样化的体育选项，包括团队运动、个人技能运动、健身训练和传统体育活动等。这样的做法不仅可以增强学生的参与感，还可以根据每位学生的体能和兴趣制订训练计划，如为对速度和耐力感兴趣的学生提供田径训练，为对技巧和策略感兴趣的学生提供网球或篮球的深入教学。

随着可穿戴设备和人工智能技术的发展，体育教育可以通过收集学生的健康数据（如心率、运动量和运动效率）来制订个人健身计划。这种数据驱动的训练方法能够精确地调整训练强度和恢复时间，以符合学生的个体生理需求，提高运动效果和安全性。

个性化也意味着在心理和情感层面对学生进行更细致的关怀。教师可以通过观察学生在体育活动中的互动和反应来调整教学方法，以满足学生在自信、团队合作和领导力等方面的成长需求。例如，对于内向或自信心不足的学生，教师可以设计更多的团队合作和小组活动，帮助他们在安全的环境中建立信心和提高社交技能。

个性化的体育教育不仅提供个性化的运动训练计划，还包括创造一个支持性的学习环境，让每个学生都能在体育活动中取得成功和获得满足感。通过这样的教学方式，学生不仅能够提升体育技能，还能学会如何管理自己的身体和心理健康，培养终身参与体育活动的习惯和爱好。

三、综合化

随着现代教育理念的发展和市场需求的变化，体育教育正逐渐从传统的单一技能训练转向更为综合化的人才培养模式。这种模式强调体育教育不仅培养学生的体育技能，还致力于提升学生的综合素质，包括心理、社交、领导力和创新能力，以应对复杂多变的现代社会。

综合化的体育教育意味着课程内容和教学方法的多样化。体育教育不再局限于传统的体育项目，如篮球、足球等，而是包括了健康教育、运动科学、运动心理学以及体育社会学等多个维度。这样的课程设置有助于学生全面了解体育活动与健康、社会乃至文化的关系，使学生能够更全面地理解体育的价值和意义。

在教学方法上，综合化的体育教育强调理论与实践的结合，鼓励学生参与实际的体育活动，同时进行科学的训练理论学习。教师应引导学生探索不同体育运动背后的科学原理，如运动生理学、运动生物力学等，使学生能够科学地理解和掌握各种体育技能。此外，体育课程还应融入团队协作和领导力训练，通过团队运动培养学生的沟通协调能力和集体荣誉感。

综合化的体育教育还关注学生个体差异，采取个性化的教学策略，满足不同学生的需求。例如，对于体能较强的学生，可以设计更具挑战性的训练项目；对于技能较弱的学生，则提供更多基础技能训练，确保每位学生都能在体育学习中获得成长和发展。

此外，综合化的体育教育还注重利用现代信息技术，如 VR、AR 技术和在线教育平台，提供更丰富、互动性更强的学习体验。这些技术的应用不仅可以增强学生的学习兴趣，还能帮助学生在虚拟环境中模拟训练复杂的体育技能，提高学习效率。

四、本土化

随着全球化的深入，地方文化的保护和传承成为教育领域中的一项重要议题。在体育教育领域，本土化趋势正逐渐显现，高校体育教育逐步强调与本地区的文化特色、经济发展和地理优势紧密结合，力求在全球化大背景下保持地方特色的同时，充分发挥地方优势，提供具有地方特色的体育教育。

体育教育的本土化要求高校深入挖掘并利用自身及地区内的教育资源，如教育经费、教学场地、专业设备、人文环境等。这些资源的有效整合不仅能提高教学质量，还能增强学生对本地文化的认同感。例如，高校可以结合地理位置的优势，开设特色体育课程，如海边城市的帆船或冲浪课程，山区城市的登山或越野跑课程，这些课程能够让学生在体验体育运动的同时，更好地理解和欣赏当地的文化。

此外，高校应注重与地方文化组织、科研机构的合作，通过资源共享和技术交流，避免资源浪费，实现资源利用的最大化。通过这种合作，学校不仅能够获取技术支持，还能够使学生的体育学习更加丰富多彩，更贴近现实生活，提高教学的实用性和趣味性。

在推动体育教育本土化的过程中，高校还要不断探索和实践，将传统体育项目与现代教育技术相结合，不断创新教学方法和内容。例如，结合地方传统体育项目开发相关课程，同时利用现代信息技术（如 VR）增强教学互动性和现实感，使学生能在传承中创新，在学习中体验。

本土化的体育教育是未来发展的重要趋势之一。它不仅能够帮助学生更好地理解和融入本地文化，还能通过优化资源配置，提高教育的效率和质量，为学生的全面发展提供更加坚实的基础，每个高校都要做好本土化教学优化的准备。

第三章　高校体育的教学模式

第一节　高校体育教学模式的概念与特征

一、什么是体育教学模式

模式通常指一种固定的结构或策略体系，用于指导或优化特定的实践或行为，可以被理解为一种在理念或理论指导下为实现具体目标而设计的系统化的活动方案。它是在实践的基础上总结和抽象形成的组织理论，经过编辑后进行的模型化理论的应用。

教学模式是一套具有明确结构、稳定程序和规范策略的教学框架或程序，用于有效地指导和实施教学活动，以实现预定的教学目标。它按照特定的教学思想建立，可以优化教学流程，提高教学活动的整体效果，使教学活动更加高效。

体育教学模式不仅是体育教学活动的一种组织形式、教学策略或者方法论体系，还是一种在特定体育教育理念指导下的科学化的设计和结构化的框架，是在教学模式的基础上综合了体育理论与实践，囊括了从体育理论概念到体育应用技术的全套体育教学策略，目的是优化教学流程，确保教学质量，实现体育教育的最大效益。①

具体来说，体育教学模式关注的是如何在具体的体育教学环境中实施有效的教学活动。在形式上，它不是简单的技能训练，而是一个针对教学目标实现进行的精心组织和结构设计的综合体，包括课程设计、教学方法、学习活动和评估方式等。在理念上，它强调学生体能发展、心理健康、社交能力和道德素养的全面提升，不同的教学模式反映特定的体育教学思想，以系统的方法论作为实现路径来提升学生的体能、技能和运动知识。

此外，体育教学模式不仅是对现有教学经验的系统整理，还是对这些经验的提炼和创新。体育教学模式的设计通常基于对特定运动或体育活动的深入理解，考虑到学生学习规律、身体锻炼的规律、技能形成的规律以及竞赛规律等多个方面。因此，科学的体育教学模式具备足够的灵活性和适应性，不仅能应对不同教学情境和学生需求的变化，还能有效地促进学生身体素质的全面发展和运动技能的系统掌握。

体育教学模式还是连接理论与实践的桥梁。通过这种模式，教师能够将体育教学理论有效地应用于课堂和训练场实践中，也能通过体育教学实践中的观察和反馈促进新的体育教学理论的发展。这种双向的互动确保了体育教学模式既能指导实际的教学活动，又能推动教学理论的创新和发展，从而不断提高体育教育的质量和效果。

二、高校体育教学模式的特征

高校体育教学模式与其他学科的教学相比，有相同之处也有不同之处，总结来看，高校体育教学模式有以下 5 个显著特征，如图 3-1 所示。

---

① 刘瑞平 . 体育教学模式新探 [J]. 沈阳大学学报，2002，14（2）：75-77.

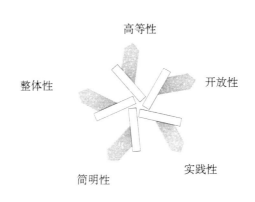

图 3-1　高校体育教学模式的特征

（一）高等性

高等性是高校体育教学模式的一个核心特征，它指的是高校的体育教学模式能够满足高等教育阶段学生的特定学习需求和发展目标，在教学内容深度、教学方法、学生参与度以及教育目标等方面具有更高的要求，与中等或基础教育阶段的体育教学有显著的区别。

具体而言，从高校体育教育的目标来看，高等性体现在高校体育教学模式不仅仅追求技能和知识的传授，更重视学生综合素质的提升和个人潜能的开发，包括培养学生的终身体育习惯、健康管理能力以及社会责任感。这些目标的实现有助于学生在未来的社会和职业生涯中保持竞争力和适应性。

从内容深度来看，高校体育教学模式在教学内容上不仅覆盖基本的体育技能和知识，还拓展到体育科学、运动生物化学、体育心理学等高级、深层次的课程。高校体育教学模式还考虑到学生未来可能从事的职业需求，如体育教育、运动训练、运动管理等，教师在教学中会引入最新的研究成果和行业发展趋势，使学生能够接触并掌握前沿的体育科学知识，便于以后顺利走向职场。

在教学方法上，高校体育教学模式的高等性体现在它使用更为复杂和创新的教学策略。高校体育教学倾向于合作式教学、项目式学习、翻转课堂等现代教育技术和理念，鼓励学生主动学习和批判性思考，提高他们解决问题的能力和自我学习能力，学生不仅是技能学习者，还是知识探索者。因此，这一教学模式不仅增强了学生的实践能力，也培养了他们的领导力和解决实际问题的能力，从而更好地为他们应对复杂的社会和职业挑战打下基础。

（二）整体性

体育教学模式的整体性体现在其设计和实施中包含了教学思想、教学目标、操作程序、实现条件以及评价等全流程核心要素。这些要素相互关联，共同构成了一个有机的教学整体，使教学模式不仅仅是简单的活动组合，而是一个完整的教学策略体系。

其中，教学思想是体育教学模式的灵魂，它决定了教学活动的指导原则和价值取向。例如，合作学习式体育教学模式，会强调学生合作学习意识与实践，鼓励学生在合作体育活动中自我探索和自我提升。这一教学模式非常适合需要进行团体协作的体育运动，如足球、篮球、接力跑等。

教学目标则明确了教学活动所要达成的具体成果。这些目标通常是具体、可量化的，如学生通过参与篮球教学活动，能够掌握基本的篮球技巧，提高团队协作能力。

操作程序是教学模式实施的具体步骤，它包括课程的组织、教学方法的选择、学生互动的方式等，这些都是教学过程中的实际操作内容。操作程序的设计需要科学合理，以确保教学目标的有效实现。

实现条件则是指进行有效教学所需的外部和内部条件，包括教学设施、器材、环境以及教师的专业能力等。这些条件的充分与否直接影响教学模式的实施效果。

评价是教学模式不可或缺的部分，它通过对教学活动的成效进行系统的评估，帮助教师了解教学目标实现的程度，及时调整教学策略。评价方法可以多样化，包括学生的技能测试、自我评价、同伴评价等。

整体性的特征使体育教学模式具有系统性和协调性，能够全面地指导教学实践，确保教学活动在实现教学目标的同时能反映出教学理念的深层价值。各个核心要素的有机整合不仅增强了教学模式的实用性和有效性，也使其成为连接理论与实践的重要桥梁。

（三）简明性

简明性作为高校体育教学模式的重要特征，指的是教学模式在设计和实施中追求结构的简洁性和理论的易懂性。这一特征在高校体育教学中尤为重要，因为它直接影响教学效率和学生的学习体验。简明性的教学模式能够以简洁明了的方式传达教学目的和内容，使学生能够迅速理解和掌握体育技能及理论。

在高校体育教学中，简明性体现在以下几个方面。首先，简明性体现在教学内容上。高校体育教学模式通过对体育活动和理论的梳理，去除非核心的、冗余的教学元素，保留最为关键和基本的部分。例如，在教授篮球课程时，教学内容专注于基础技能的培养和核心规则的解释，而不是涵盖所有可能的技术细节和变体。这种简化的教学内容使学生能够集中精力在最关键的学习点上，提高学习效率。其次，简明性还体现在教学方法的选择上。高校体育教学模式倾向于采用直观、易操作的教学方法，如示范教学、视频教学等，这些方法能够直接展示体育技能，易于学生理解和模仿。通过这种直观的教学方式，复杂的体育动作和技巧被简化为学生容易理解的视觉和动作信息，极大地提高了教学的可接受性和实用性。再次，简明性在教学评估中也非常关键。高校体育教学模式通常采用简洁明了的评估标准，这些标准直接关联到教学目标，并且易于量化和评判。例如，高校可以通过标准化的体能测试或技能展示来评估学生的学习成果，这种评估方式不仅清晰明确，而且便于学生和教师共同理解评估结果。最后，简明性还表现在教学组织上。高校体育教学模式强调课程结构的逻辑性和连贯性，每一节课都有明确的学习目标和教学步骤，课程内容紧密衔接，避免不必要的重复和散乱。这种组织方式不仅优化了教学流程，也使学生在整个学习过程中能够清晰地看到学习目标和进展。

（四）实践性

实践性是高校体育教学模式最为显著的特征之一，它强调通过实际参与体育活动来实现教学目标，而不仅仅是理论知识的传授。这种特征反映了体育学科的核心要求——技能的习得和身体素质的提高必须通过实践来完成。

在高校体育教学中，实践性体现在各种教学活动的设计和实施上。教师不仅需要向学生传授体育运动的规则、技术和策略，更重要的是要安排学生进行大量的实践活动，如技能演练、团队比赛、体能训练等。这些活动能够让学生在真实的运动环境中应用所学知识，体验运动带来的身体和心理挑战，从而深化对体育运动技能和策略的理解。

实践性的教学模式在高校体育教学中尤其重要，因为这个阶段的学生已经具备一定的基础体能和运动技能，更需要通过高强度和多样化的实践活动进一步提升自身的专业技能和身体素质。例如，在篮球教学中，教师会组织模拟比赛，让学生在比赛中实际应用攻防策略，通过实战学习如何在压力下快速做出决策，如何与队友协作，这样的实践不仅提高了技术水平，也锻炼了学生的团队协作能力和竞技心态。

此外，实践性还意味着教学内容的适应性和灵活性。教师需要根据学生的体能水平、兴趣和学习进度，灵活调整教学方案和实践活动的难度。这种个性化的教学策略可以最大限度地发挥每个学生的潜力，确保所有学生都能在实践中取得成长和进步。

实践性也促进了学生对健康和身体知识的学习。通过参与体育活动，学生不仅能学习如何运用各种运动技巧，还能了解到相关的健康知识，如运动伤害的预防和处理、适当的体育营养以及如何进行科学的体能训练等，这些都是需要通过实践活动直接体验和学习的。

（五）开放性

开放性是高校体育教学模式的一个关键特征，它体现了体育教学模式不仅能够适应当前的教育需求，还能够根据新的教育理念、科技发展、学生需求以及社会变化进行调整和发展。这种特征使体育教学模式不是一个固定不变的制式化模式，而是一个持续进化、充满活力的系统。

在高校体育教学中，教学模式的开放性首先表现在教学内容的更新和丰富上。随着体育科学的发展和新型体育运动的出现，体育教学内容需要不断更新，以包含最新的体育理论和实践。例如，随着健身和健康意识的提高，高校体育教学会增加瑜伽、普拉提、间歇训练等现代健身课程。

其次，教学模式的开放性还体现在教学模式所采纳的方法的创新上。为了适应数字化时代的学生，体育教学模式也在不断引入新技术和新工具。例如，使用 VR 技术模拟滑雪或赛车等，可以让学生在不离开校园的情况下体验到其他地方的运动环境。此外，利用应用程序和在线平台进行体育教学，可以让学生在课外继续进行体育学习和训练。

再次，传统的体育教学评估侧重于学生的体能表现和技能掌握，但现代的体育教学模式更加重视学生的全面发展，包括团队协作能力、领导能力以及对体育活动的热情和持续参与。因此，教学模式的评估方式也更加多样化，包括同伴评价、自我评价以及项目式学习的成果展示等。

最后，教学模式的开放性意味着该教学模式能够跨学科融合和合作。体育教学可以与心理学、营养学、生物科学等其他学科相结合，提供更全面的教育体验。例如，体育教师可以与心理学教师合作，开设关于运动心理的课程，帮助学生了解如何通过体育活动管理压力和提高心理健康水平。

第二节　合作学习式体育教学模式

一、合作学习式体育教学模式的内涵

合作学习式体育教学模式是顺应现代教育改革趋势而形成的一种体育教学策略。高等教育阶段的学生在求知欲和自主性上具有更高的需求，传统的权威主义教学方式已经不能适应高等体育教育的实际需求。合作学习式体育教学模式通过师生互动及学生之间的互动、合作，共同探索和解决问题，从而实现教学目标和促进学生的全面成长。它更加强调尊重学生的个性和人格，倡导在教学过程中建立一种平等、互助的师生关系，因此适用于高等教育中的体育学生。[①]

二、合作学习式体育教学模式的理论基础

合作学习式体育教学模式是建立在科学理论基础上的有效教学模式。具体而言，合作学习式体育教学模式的理论基础有以下几种，如图 3-2 所示。

图 3-2　合作学习式体育教学模式的理论基础

① 戴文祥. 合作活动学习在高校体育教学中的应用研究 [D]. 济南：山东师范大学，2014.

（一）群体动力理论

群体动力理论关注群体内部行为、心理作用及成员间的相互影响，强调每位成员的行为和情绪是相互关联的，这种相互作用进而塑造了群体的结构、功能和性能。该理论特别关注通过促进群体成员间的积极互动、道德制约等提高群体的凝聚力和效率。[①]这一理论为合作学习式体育教学模式提供了坚实的理论基础。合作学习式体育教学模式强调通过学生间的合作与互助实现学习目标，它不仅可以促进体育技能的学习，还能通过团队合作提升学生的社交能力、领导力和解决问题的能力，增强学生在团队中的归属感和整体表现，优化群体沟通，有效管理团队冲突，加强学习深度，同时优化教学过程和效果。

（二）选择理论

选择理论，早期称为控制理论，由格拉瑟（William Glasser）提出。选择理论主要强调人类行为是出于内在动机的选择，而非外在压力的驱使。这一理论认为，所有人都试图满足五种基本需求：生存、爱与归属、权力、自由和乐趣。[②]选择理论提供了一个理解和激励学生内在动机的框架，这对于设计和实施合作学习式体育教学模式是极其重要的。根据选择理论，有效的教育应该满足这些需求，并通过内在的动机激发学习者的积极性。合作学习强调学生之间的互动和合作，有助于建立积极的人际关系和集体归属感。这一点直接满足了选择理论中的爱与归属需求，使学生在学习过程中感到更加舒适和受欢迎。此外，在合作学习中，学生可以在活动选择、团队分工及策略运用等方面拥有更多的自主权。这种自主权的提供与选择理论中的自由需求相呼应，有助于提升学生的参与度和学习的主动性。体育活动本身就具有娱乐性，而在合作学习中，

---

① 矫镇红.群体动力理论在中学体育教学法课堂教学中应用的实验研究[J].科教导刊，2014（20）：149-150.

② 格拉瑟.选择理论[M].郑世彦，译.南昌：江西人民出版社，2017：6.

通过团队合作和共同完成任务，学生能够体验到乐趣，这直接反映了选择理论中的乐趣需求。合作学习不仅仅是完成体育活动，更是一个决策和责任共享的过程。学生在团队中扮演的角色让他们感受到自己的影响力，这种感觉增强了个人的权力感，与选择理论中的权力需求相契合。

（三）动机理论

动机理论是心理学中一系列理论和模型的总称，这些理论和模型旨在解释个体行为背后的推动力。动机理论试图阐明个体为何会采取特定行动、努力实现目标，并持续这一行为。这些理论通常分为两大类：内在动机和外在动机。内在动机来源于个体内心的兴趣和满足感，如对某项活动的热爱或对完成某项任务而感到的成就；外在动机则与外部激励，如奖励或惩罚相关。[①]

在合作学习式体育教学中，教师可以采用各种措施，调动学生的内在和外在的学习动机，从而激励学生共同完成任务和达成目标，促进体育技能的提高，使教育过程更加全面和有效。

（四）社会凝聚力理论

社会凝聚力理论探讨的是社会群体中成员之间如何通过共同的目标、价值观和互动形成紧密的联系。这一理论认为，社会凝聚力是维持群体稳定、促进成员之间积极互动和增强集体效能感的关键因素。强社会凝聚力的群体通常显示出更高的合作水平、更强的互助精神和更有效的目标达成能力。

在合作学习式体育教学模式中，社会凝聚力理论为教学活动的设计和实施提供了重要的理论支持。首先，这种模式通过团队合作共同完成任务，促使学生在活动中建立相互信赖和支持的关系，从而增强了团队

---

① 苏煜. 自我决定理论与体育学习动机：理论、创新与实践 [M]. 大连：大连海事大学出版社，2009：66.

的整体凝聚力。学生在共同努力完成体育活动目标的过程中，不仅学习了体育技能，还在情感和社交层面建立了深厚的联系。其次，社会凝聚力理论还强调成员之间的正面互动对于群体效能的提升具有显著影响。在体育教学中，教师可以设计各种合作任务和小组竞赛，这些活动使学生必须相互协作，共同解决问题，从而提高团队的整体表现和协作效率。通过这种方式，学生在体验成功的喜悦的同时学会了如何在团队环境中发挥自己的作用，提高了个人和集体的责任感。

社会凝聚力理论还说明了共同价值观和目标在维持团队合作中的重要性。在体育教学中，共同的目标，如赢得比赛或改善团队技能，成为团队成员共同努力的焦点，它能帮助团队克服分歧，强化成员间的合作和团队的向心力。通过这种方式，合作学习不仅提高了学生的体育技能，也强化了学生的社会责任感和集体荣誉感。

三、合作学习式体育教学模式的注意事项

（一）进行教学分组

在合作学习式体育教学模式中，教学分组的策略是关键因素之一，它影响学生的参与度和学习效果。高校体育教学应采用"组间同质与组内异质"的分组策略。这意味着，各个小组之间的学生在技能水平上应尽量保持均衡，以避免任何一个小组因技能水平过高或过低而占据绝对优势或处于劣势。而组内的学生则应体现多样性，包括性别、学习成绩、体育技能和个人特长等方面的差异，这样的异质性有助于促进小组内的互补和资源共享。此外，教师还需要考虑学生的兴趣和意愿，确保每位学生都能在感兴趣的领域中贡献自己的力量，这有助于提高学生的参与度和团队合作的效率。

（二）明确教师任务

教师在合作学习式体育教学模式中扮演着至关重要的角色。教师需要在课前充分了解学生的各项能力和水平，基于这些信息设计适合的教学方法和具体的教学任务。在合作式体育教学模式实施过程中，教师不仅要进行知识和技能的主导性讲授，还要引导学生进行有效的合作学习。教师应在学生进行合作学习时积极巡视课堂，观察学生的互动和学习进展，记录重要的表现和问题，并在必要时提供指导，解决小组合作中可能出现的冲突，鼓励学生间的交流与协作，促进彼此之间的相互学习和支持，调整活动难度和复杂性以适应学生的实际表现。

（三）学生主动参与

在合作学习式体育教学模式中，学生的主动参与是成功的关键。教师需要在活动开始前明确地向学生讲解合作学习的原则和期望，强调整个小组需要集体努力才能完成任务。每个学生都应对小组的成功负责，需要互相监督和支持，确保每位成员都能完成各自的部分。学生应以小组为单位，根据教师布置的任务和要求发挥主观能动性，通过集体合作完成教学任务。这不仅包括技能的练习和比赛，还包括策略的讨论、角色的分配、目标的设定等多种合作活动。学生还需要学习如何在小组内沟通、如何解决合作中出现的问题，并通过共同努力实现团队的目标。此外，学生还应主动通过多种途径探索，进行理论知识学习，如研究新技术、观看相关视频、与其他团队交流等，以丰富自己的实践技能，增强小组的整体表现。

（四）重视课堂导入环节

体育课的导入阶段对于调节整节课的氛围和提高学生的参与度至关重要。为了提高学生的主动参与感和责任感，教师可以让学生在合作学习小组的框架内轮流带领准备活动。这不仅有助于提升学生的组织能力、表达能力和示范能力，还能增强他们的领导技能和自信心，同时促进学生之间的了解以及互动。例如，每次课程可以指定一个小组负责那天的热身和拉伸活动，让组内的学生轮流进行指导，这样每个学生都有机会实践领导和组织活动。教师应确保每个学生都明白其角色和责任，并提供必要的指导和反馈以保证活动的质量和安全。

（五）疑难知识点采用集体授课补充

在体育教学中，虽然合作学习是重要的教学策略，但集体讲授依然扮演着不可替代的角色，尤其是在介绍疑难点、新概念、新技能或重要规则时。教师需要根据教学内容的特点合理安排集体讲授和分组合作学习的时间比例。在集体讲授的过程中，教师应突出重点，采用简单明了的表达，注重教学效率，确保所有学生都能快速准确地理解核心内容。此外，教师在讲授后应设计互动环节或提问，检验学生对讲授内容的理解和掌握程度，及时调整教学策略以应对学生的具体需求。

（六）课后测试与反馈

完成教学任务后的测试和反馈环节是合作学习评估的重要组成部分，需要引起重视。教师可以设计独立测试或者组间竞赛，以此评估学生的学习成果和小组的协作效果。测试不仅应考查学生的个人技能掌握程度，也应评价他们在团队中的参与和协作能力。根据测试或竞赛的结果，教师应进行详尽的评价和总结，向学生反馈他们的表现，指出优点和需要改进的地方，帮助学生认识到自己的不足并鼓励他们在未来的学习中进行改进。

课后任务应包括理论复习和实践练习两个方面，以确保学生能全面理解和掌握课堂上学到的技能和知识。理论复习涉及阅读相关的体育理论文章、观看教学视频或撰写简短的反思报告，这些任务旨在帮助学生巩固课堂上学习的理论知识，加深对体育运动规则、策略和健康知识的理解。实践练习是课后任务的核心，教师应设计与课堂活动相对应的练习，包括指定的体育技能练习、团队策略的演练或个人体能挑战。例如，如果课堂上学习了篮球的传球和接球技巧，课后任务可以要求学生在体育馆或户外篮球场进行特定的传接球练习，甚至录制视频以供评估和反馈。为了增强团队合作精神和持续的互动学习效果，教师还可以鼓励学生以小组形式完成某些任务，如组织小型的比赛或共同参与体育项目的策划。这种形式的课后任务不仅可以提升学生的体育技能，还能增强他们的组织能力和团队协作能力。教师应确保课后任务与学生的实际能力和学习进度相匹配，适时提供反馈和指导，帮助学生识别并克服学习过程中遇到的问题，从而持续提高其体育技能和理论知识的应用能力。通过这样的课后任务安排，高校体育教学不仅能够提升学生的体育技能，还能够促进他们自主学习和团队协作能力的发展。

第三节　多媒体网络式体育教学模式

一、多媒体网络式体育教学模式的产生背景

信息化不仅改变了人们获取信息和进行交流的方式，也极大地影响了教育方式和学习方法的演进。体育教学模式与多媒体网络的结合是教育领域响应技术进步和社会发展需求的必然结果，信息化通过提供多样化的教学资源和工具，即多媒体教学，使教学内容更加丰富和多元，也提高了教学的可接入性和灵活性。并且，体育教育不同于其他学科教育，也不同于理论知识传授，体育教育的核心在于通过教学对学生身体技能和动作产生具身认知，进而对体育技能进行培养。因此，它更多地被认为是一种极具技艺性的学科，它要求教师在教学过程中不仅要传达理论知识，还要精确和细致地展示体育动作，让学生习得体育动作，掌握体育技巧。而多媒体通过整合图片分析、视频分析、VR、AR 等技术，恰

恰能满足这一要求。多媒体教学为学生提供了更直观、互动性更强的学习体验。例如，在多媒体网络式体育教学模式中，教师能够利用视频、图像等多媒体工具，将复杂的体育动作拆解、展示和重复。这种方式使动作的每一个细节都可以被放大和重复播放，学生可以多次观看并仔细学习这些动作的关键部分。例如，一个复杂的体操动作或技术动作的学习，可以通过慢动作播放、动作定格等技术手段，让学生清晰地看到动作的每一个阶段和要领，这对于学生初步建立动作概念，理解并模仿动作至关重要。学生还可以通过 VR 技术模拟体育活动，从而在没有实际进行体育运动的情况下习得技能和策略。此外，信息化的发展带来了大数据的兴起，为体育教学提供了新的视角和方法。通过分析学生的学习数据，教师可以更准确地理解学生的学习习惯、偏好和进步，从而进行更加个性化的教学设计和调整。例如，教师可以根据学生在体育技能学习中表现出的数据模式，调整教学策略，针对学生的弱点提供定制化的训练计划等，这也是利用多媒体工具进行教学的一部分。

因此，多媒体网络式体育教学模式的发展和应用是信息化和大数据背景下的一种适应和进步。这种模式不仅利用现代技术提高了教学质量，还通过信息化的方式增强了教育的个性化，提高了教学效率。

二、多媒体网络式体育教学模式的优势

在现代体育教育领域中，多媒体网络式体育教学模式正以其独特的优势和高效的教学手段逐渐成为主流。这种教学模式充分利用最新的信息技术，包括多媒体技术、VR 和动作捕捉技术，来提高体育教学的互动性、精确性和可访问性。总的来看，该模式的优势有以下 4 个方面，这些优势共同塑造了一种全新的、高效的体育教学方法。

（一）提升体育教学的直观性

在现代多媒体网络式体育教学模式中，体育运动动作的图像化已成

为提高教学直观性和效果的关键技术。体育教学中运动动作的图像化不仅仅是将动作显示出来，更通过高级的图像处理和数据分析技术，结合生理、生化和心理数据的综合采集，对运动效果进行可视化分析。例如，教师可以利用传感器和高速摄像技术捕捉运动动作，通过计算机软件对动作进行三维重建，展现体育运动技能的关键节点和动作轨迹。此外，运动动作的图像化还包括对运动员表现的生理反应和能量消耗等方面的分析，这些都能极大地增强体育教学内容的科学性和针对性。通过图像化手段，教师能更精确地指导学生注意运动中的细节，学生也能更直观地理解和掌握相应的体育技能，从而提高学习效率和运动表现。

（二）保障体育训练的安全性

动作仿真化是多媒体网络式体育教学模式的另一核心优势。它可以通过最新的 VR 技术或者动作捕捉系统，使体育运动技术的学习和训练可以在完全模拟的环境中进行，大幅提升了体育实践训练的安全性和有效性。在这一过程中，学生可以在没有物理风险的虚拟环境中反复练习技术动作，教师也能通过虚拟系统精确地调整和优化学生的动作细节。例如，通过 VR 眼镜和感应设备，学生能够模拟赛艇、滑雪等高风险体育活动，不仅能感受真实的运动环境，还能即时接收到关于姿态和技术层面的反馈。此外，这种仿真技术还可以用于团队体育运动的战术训练，通过模拟不同的比赛情景增强学生对战术应用的理解和实践能力。

（三）提升体育教学的精细性

动作仿真微格化技术可以将复杂的体育技术动作分解为更细小、更易管理的单元，使学生可以更系统地学习和掌握每一个技术细节。这种方法特别适用于技术要求高的体育项目，如体操、跆拳道等。通过计算机辅助教学系统，教师可以将一个完整的动作分解为步骤或姿势的连续变化，每个阶段都配有详细的解析和必要的调整建议。这种微格化的训练方法不仅能帮助学生精确理解动作的每一个部分，还能有效地避免训练中错误习惯的积累。同时,动作仿真微格化也支持对集体项目中的战术配合进行分解教学,通过详细展示每名队员在战术中的具体位置和运动路线,帮助学生更好地理解团队协作的重要性和战术实施的细节。这种教学方式极大地提高了技术动作教学的准确性和效果,是现代体育教学中不可或缺的一部分。

(四)满足体育教学的动态更新性

体育学科的特殊性在于其教学内容不仅包含理论知识,还侧重于技能的传授和动作标准的演示。在体育竞技日益激烈的背景下,体育科学的发展和竞技水平的提高需要不断引入新的训练方法或技术进行改进。多媒体网络式体育教学模式的出现,满足了这些要求,它的一个核心优势是能够不断更新教学内容,具有独特的适应性和前瞻性。此外,多媒体网络式教学资源具有更新灵活、传播迅速的特性,能够快速地将新的训练方法和技术细节整合到教学内容中,提供给学生最新的学习资源,使得体育教学能够迅速适应这些变化。尤其当新的训练方法被发现更有效,或者某个体育动作的技术标准发生改变时,传统的教学资源,如教科书和实体教材比较难以做到快速更新,而多媒体网络式教学平台可以轻松地调整和更新教学视频、模拟程序和相关教学应用。例如,如果一场篮球比赛中某种技术或动作的优化调整能显著提高命中率,教学平台可以快速制作并上传展示新技术的视频教程,进行最新内容的分析并针对该项新技术内容进行教学。此外,多媒体教学还支持包括视频慢放、动作定格、3D模拟等多种形式,这些功能使学生能够从各个角度和不同速度仔细观察和学习新的体育技能。这种教学方式不仅增加了教学的互动性,还提高了学生学习新技能的效率和精确度。因此,多媒体网络式教学模式特别适合体育教育,这种教学模式的灵活性和适应性使其成为体育教育领域一个强有力的支持工具。

三、多媒体网络式体育教学模式实施的注意事项

（一）加强基础设施建设与维护

在实施多媒体网络式体育教学模式时，网络基础设施的配备是实现高效教学的基石。为确保教学活动的顺畅进行，高校必须具备先进的网络技术和相关硬件设施，从而为教师和学生提供一个稳定、可靠的数字学习环境。高速的互联网连接是必不可少的，因为多媒体内容，尤其是高清视频和实时互动功能，对带宽和网络速度有较高的要求。高校应与网络服务提供商合作，确保网络覆盖广泛且具备足够的数据传输速率，以支持同时在线的大量用户进行视频交流、下载和实时交互而不受延迟影响。为了应对技术故障，建立专业的技术支持团队也是必要的。这支团队应能提供快速响应，解决教师和学生在使用网络教学资源时遇到的技术问题，确保教学活动的连续性和有效性。考虑到技术的迅速发展和教育需求的不断变化，高校还应定期评估和升级网络基础设施，不仅包括硬件的更新换代，也包括软件和服务的升级，以利用最新的技术提高教学质量和效率。

（二）构建完善的评估体系

体育教学的独特性在于其不仅强调体育理论知识的传授，还强调实际动作的执行、技能的掌握以及体能的培养，因此，在多媒体网络式体育教学模式中，高校需要综合考虑多个维度，采用多元化的评估方法，构建一个有效的教学评估体系。

利用多媒体技术，如视频分析工具，可以评估学生的动作准确性和技术熟练度。通过录制学生的训练和比赛视频，教师可以详细地分析每个动作的技术细节，如动作的流畅性、准确性和力量分配。

教师还可以设定具体的技能测试，如通过模拟的比赛环境或标准化的技能演示具体测试学生在特定技能上的掌握程度，或者通过在线体能

测试工具评估学生的体能水平，如耐力、力量、速度和灵活性。这些测试可以通过网络平台定期进行，使教师能够跟踪学生的体能进步和调整训练计划。利用可穿戴设备收集学生的体征和生理数据，如心率和卡路里消耗等，也可以为评估学生的体能状况提供实时且精确的反馈。

此外，教学效果的评估还应该包括对学生学习动机和参与度的观察。在网络教学中，保持学生的参与度和动机尤为关键。教师可以通过在线调查、讨论板和直接反馈等形式，收集学生对课程内容、教学方法和学习资源的反馈，以评估教学活动的吸引力和教学策略的有效性。

（三）有机协调多媒体网络各子系统

在多媒体网络式体育教学模式中，确保体育课程管理各个子系统能够协调工作并形成一个有机整体是至关重要的。这些子系统包括课程介绍、电子教材、网络课件、授课教案、授课录像及课程资源收集等，每个子系统都需要紧密结合，以实现整体的教学目标。

课程的设计必须遵循知识的逻辑关系和学生的认知规律，确保从课程介绍到详细教学内容的流畅过渡。课程介绍应概述课程目标和预期成果，为学生提供清晰的学习方向。电子教材和网络课件需要提供支持课程目标的详细理论和实操内容，确保学生能够通过这些材料获得必要的知识和技能。授课教案的制定应考虑如何有效整合这些教学资源，指导教师如何在课堂上系统地呈现这些内容以及如何调动学生的学习积极性。授课录像应精准反映教案的核心内容，为学生提供模范示范，帮助他们理解和模仿正确的技术动作。课程资源收集模块则应成为一个动态更新的平台，不仅整合现有的教学资源，还应鼓励教师和学生共同参与资源的更新和扩展。通过这种方式，教学内容能够不断丰富和完善，适应学科发展和学生需求的变化。

为了实现这些子系统的有效协调和整合，高校需要建立一套明确的管理流程和技术支持系统。教育技术团队应确保所有技术平台的兼容性和访问效率，同时，教育管理者应定期评估教学资源的适用性和效果，根据反馈进行必要的调整。只有通过这种系统化和协调一致的方法，保证各个子系统协调统一，多媒体网络式体育教学模式才能够更好地服务于教育目标，确保教学活动的有效进行，从而提高教学效率和质量。

第四节　翻转课堂式体育教学模式

一、翻转课堂式体育教学模式的内涵

翻转课堂式体育教学模式是现代教育技术背景下的一次教学模式的创新，特别适用于体育教育。体育教育不仅重视体育理论知识的传授，还强调动作执行、技能掌握及体能培养。翻转课堂式体育教学模式与传统的教学流程不同，它将"先教后学"转变为"先学后教"，极大地增强了学生学习的主动性和实用性。

在翻转课堂模式中，体育教师会将课程内容和理论通过视频或其他多媒体形式提前制作成材料，学生在课下通过观看这些材料进行自主学习，这不仅仅是消化理论知识，更重要的是通过视频等形式观察和模拟体育动作，初步建立起动作概念和技能认知。这种自主学习使学生能够根据自己的学习节奏调整学习深度和速度，为课堂上的深入交流和问题解决做好准备。课堂时间也因此被释放出来，用于进行更为深入的师生互动和同伴之间的讨论。在课堂教学环节，教师的角色转变为指导者和协助者，他们通过观察学生的表现，倾听学生的疑惑，有针对性地提供反馈，帮助学生解决学习过程中的具体问题。这种互动不仅限于解决技术执行上的难题，还包括策略的调整和战术的应用，从而使学生能在实际操作中深化对技能的理解和应用。

翻转课堂模式还强调在课堂上通过集体讨论和合作解决问题，这种

方法不仅能促进学生之间的互动，也能加强学生的团队合作的精神。学生在这种学习模式下，由被动接受知识转变为主动探索和解决问题，可以极大地提高学习的动机和效率。此外，通过翻转课堂，学生的学习不再受限于课堂时间和教师的单向讲授，而可以在更广泛的环境中进行自我驱动的学习，可以实现深度学习，养成终身学习的良好习惯。

二、翻转课堂式体育教学模式的优势

（一）平衡理论与实践教学比例

翻转课堂模式应用于体育教学的一个显著优势是能够有效实现"精讲多练"，这一点对于体育教学尤为重要，因为体育教学需要平衡理论讲解和实际操作的时间。在传统体育课程中，教师在课堂上花费大量时间讲解新知识和新技能，往往会挤占实际操作和练习的时间，这不仅影响学生技能的掌握，也降低了课堂效率。而在翻转课堂模式中，学生在课前通过观看视频或阅读材料自主学习基本理论和动作技巧，这种预学习过程使学生对课程内容有了初步的了解和消化。这一做法极大地释放了课堂时间，让课堂更多地用于实际操作和个性化指导。体育教师可以利用课堂时间，根据学生的预学习情况和具体问题，进行有针对性的精讲。例如，教师可以重点解析学生普遍认为难以掌握的动作技巧，或者那些常见的错误和误区。这种精讲不仅提高了教学质量，也确保了教学内容的针对性和实效性。此外，教师还可以组织一些小组讨论或者角色扮演等互动活动，让学生在实践中深化对技能的理解和掌握。

更重要的是，在翻转课堂模式下，剩余的大量课堂时间可以用来进行技能的重复练习。由于学生已经通过课前学习获得了理论知识的基础，课堂练习可以更加聚焦于技能的磨炼和体能的提升。这种模式不仅增加了学生训练的时间，也提高了训练的质量，因为教师可以实时监督和调整学生的练习方法，确保每一位学生都能在正确的指导下进行有效的训练，显著提高了体育教学的效率和效果。

（二）促进学生全面素质发展

这种教学模式不仅提高了体育课程的教学质量，也深刻影响了学生个性的塑造和素质发展。通过翻转课堂，教师能够为学生提供一个更加个性化和自主性更强的学习环境，从而更好地满足现代教育对全面发展的要求。

具体来说，在翻转课堂模式下，体育教师将传统的课堂讲解内容转变为课前通过视频和其他多媒体材料提供的学习资源，使学生在掌握理论知识之后，可以有更多的时间在教师的指导下进行更多的实践操作和技能练习。学生还可以根据自己的学习节奏和兴趣安排学习，从而在达成统一的学习目标的同时能按照个人的能力和需求进行学习。

翻转课堂增强了学生的自主学习能力和解决问题的能力。学生在学习过程中遇到问题可以在课前进行思考，尝试解答，一些体育技能也能预先进行模仿和实践，从而使知识学习更加有针对性，学生还可随时通过网络平台向教师求助，获取即时的反馈和指导。这种互动不仅加速了问题的解决，也促进了师生之间的沟通，增强了学生的沟通能力，提高了学生的学习能力和学习效率。这种学习态度和能力也是终身学习素质和能力的基础。

翻转课堂模式也提倡团队合作解决问题，这在无形中锻炼了学生的协作意识和团队精神，这些都是个人素质发展的重要组成部分。此外，翻转课堂模式更为全面和个性化。体育教师不仅考虑学生的技能提升，还综合学生在小组中的表现、个人自评等多方面因素进行评价。这种多维度的评价方式有助于学生全面了解自身的学习进度和能力发展，更加客观地认识到自己在学习过程中的不足，从而有针对性地进行改进。

通过翻转课堂，体育教学不仅限于技能的培养，更重视学生个性的发展和自我探索的机会。这种教学模式鼓励学生积极探究和实践，使学生在提高体育技能的同时能够在认识自我、发展自我中取得进步，最终实现全面素质教育的综合目标。

三、翻转课堂式体育教学模式的实施步骤

翻转课堂式体育教学模式的实施通常分为 4 个阶段，包括学习资源准备阶段、课前自主学习阶段、课堂教学和解答阶段以及课后评价与反馈阶段，如图 3-3 所示。每一个环节都对教学成果起着至关重要的作用，需要教师精心设计和高效引导，以确保每个模块都能有效支持学生的学习过程。

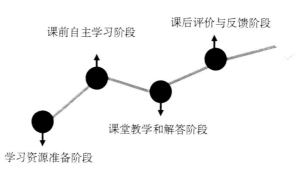

图 3-3　翻转课堂式体育教学模式的 4 个实施阶段

（一）学习资源准备阶段

翻转课堂式体育教学模式在高校体育教学中的实施，应从课前教学资源的准备开始。这一阶段是整个教学活动的基础，它要求教师根据教学计划和大纲明确教学目标。这些目标应以体育课程的核心技能和理论为导向，同时考虑到提升学生的体能、技能和战术理解。目标的设定应具有明确性和可操作性，以引导学生达到预期的学习成果，并在确保教学实效性的基础上，适应学生的学习需求和认知发展。

接下来，基于这些教学目标，教师需要开发或挑选相应的体育教学资源。这包括筛选适合体育教学的多媒体材料，将体育教学的关键知识

点和技能要点转化为多媒体教学资源，如编辑比赛录像和动画图解、视频、动画、模拟演示等。内容应涵盖关键的体育技术动作演示、体育战术应用、体育规则解读等方面，帮助学生在课前就能对课堂内容有一个直观和全面的了解。

为了提高这些资源的教学效果，教师需要对其内容进行合理的结构设计，按照由浅入深的顺序组织材料，确保视频和其他教学资源能够系统地覆盖所有必要的教学点。每个视频或教学单元都应紧密对应教学大纲中的具体目标，以确保学生能够通过这些材料达成学习目标。此外，教师需要注意课前资料内容的组织和时间管理，确保视频不仅内容充实、信息准确，而且表达清晰、节奏合理。每个视频单元都应精确对应一个或多个体育教学子目标，确保学生在观看每个单元时都能获得明确的学习收益，从而使课前自学的效率和效果最大化。

此外，教师应利用现代信息技术手段优化这些资源的呈现方式。例如，添加交互性问答增加学生的参与度，或者利用模拟软件展示复杂的体育动作，这些都能显著提高学生的学习兴趣和效率。

教师需要确保这些材料易于学生访问和使用。将教学资源上传到学校的学习管理系统或任何便于学生访问的平台是必要的步骤，这不仅方便学生课前学习，也便于他们随时复习和参考。

（二）课前自主学习阶段

翻转课堂式体育教学模式中的学生自主学习阶段是整个教学过程中至关重要的一环。在这一阶段，学生学习的自主性、积极性及解决问题的能力都会得到重点培养。此阶段的成功实施，也会直接影响课堂内外活动的效果和学生学习成果的优化。

学生首先需要从网络上接收并下载完整的学习资源包，这些材料详细介绍了即将学习的体育技术动作、体育理论知识以及具体的教学目标和任务。通过这些预先准备好的材料，学生可以在课前独立地学习和掌握本次课程的核心内容，形成对新知识的初步了解和认知。

其次，学生应深入观看相关的教学材料，通过对比分析，进一步巩固和纠正对技术动作的理解，确保形成正确的技术概念和动作印象。这一步骤不仅帮助学生理解动作的标准和要求，也为课中的实际操作打下坚实的基础。

在自主学习的过程中，学生应被鼓励主动探索和解决遇到的问题。他们可以通过查阅额外的资料、参考在线课程或与同伴讨论等方式来解决问题。对于暂时无法解决的问题，学生应记录下来，准备在课堂上向教师或同学询问。这种策略不仅提高了学生解决问题的能力，也增加了课堂互动的深度。

需要特别注意的是，由于课前学习阶段缺乏教师的直接指导，学生在模仿和练习技术动作时可能会产生误差。为防止错误动作定型，学生在充分观看和理解教学视频的基础上，应采取小组或结伴的方式进行实际动作的训练。这样的集体练习不仅可以通过同伴的即时反馈进行纠正，也能通过小组互助加深对技术动作的理解和掌握。

通过这样的课前自主学习，翻转课堂式体育教学模式能够有效地提高学生的学习自主性，使学生在达到统一学习目标的同时满足个人的学习需求，更好地准备参与课堂内的深入讨论和实践活动。这不仅优化了体育教学的教学要素组合，也显著提高了教学质量和学习效率。

（三）课堂教学和解答阶段

在体育教学的翻转课堂模式中，课堂教学和解答阶段是关键环节，这一阶段的主要目标是通过具体的教学活动和身体训练，帮助学生将课前学习的理论知识和技能有效地转化为实际运动技能，并进行深入的知识内化。

在开始上课时，教师应明确本节课的具体学习任务，包括要掌握的技能点和理论知识。教师收集的学生在课前自主学习阶段遇到的问题通常涉及动作技巧的细节、理论的应用等方面。教师可将这些问题进行分类，以便系统地在课堂上进行讨论和解答。

利用学生提出的问题，教师可组织学生进行小组讨论，引导学生通过探究式的方法自主解决问题。这不仅能培养学生的合作学习能力和主动探究能力，还增强了学生之间的互助和交流。教师在这一过程中扮演的是引导者和协调者的角色，以便为学生提供必要的指导和资源支持，确保讨论的有效性。

针对普遍存在的技术错误或理解难点，教师会进行集中讲解和示范，帮助学生形成正确的动作技术和思维模式。教师可以借助视频回放、慢动作分析等技术手段，详细解析动作的每一个环节，确保学生能够理解并正确执行。

在团体训练之外，教师还应对有特殊需要的学生进行个别指导，包括一对一的技术指导、个别动作纠正等，确保每位学生都能根据自己的实际情况得到适当的引导和支持。

（四）课后评价与反馈阶段

在体育教学的翻转课堂模式中，课后评价与反馈阶段也是整个教学流程不可缺少的关键环节。课后，教师需要系统地评价每位学生的学习态度、参与程度和技能掌握情况，包括学生在课堂上的积极性、对技术指导的响应以及在实际运动中技能的应用效果。通过观察和记录学生的表现，教师可以识别出哪些教学方法有效，哪些技能点需要进一步强化。学生在训练中出现的错误动作，是课后评价中的重要部分。教师要对这些错误动作进行归纳总结，并提供具体的改进建议。这不仅能够帮助学生纠正技术缺陷，还能够促进他们对正确动作的深入理解。

基于课堂表现和技能掌握的反馈，教师应对教学方案进行必要的思考和修改，包括调整教学内容的难易程度、引入新的教学资源或改变教学策略，目的是确保教学活动更加贴合学生的实际需要，提高教学的有效性和效率。

通过学校的学习管理系统或其他在线平台，教师可以收集学生对课堂教学的反馈。学生可以在这些平台上分享自己的学习感悟、讨论遇到的难题或评价教学方法的有效性。这些信息对教师了解学生的学习体验和进一步优化教学计划至关重要。

课后阶段也是加强学生间合作学习的好机会。教师可以鼓励学生在网络平台上互帮互助，共同探讨学习中的问题，形成学习共同体。这种互动不仅增强了学生的团队协作能力，还提升了他们的社交技能和解决问题的能力。

通过这些详细的课后评价与反馈，翻转课堂模式在体育教学中可以实现教学效果的优化，确保每个学生都能在一个支持和挑战并存的学习环境中取得更好的学习成果。这种持续的评估和调整机制是提高教学质量和学生学习效率的关键。

第五节 俱乐部式体育教学模式

一、俱乐部式体育教学模式的内涵

俱乐部式体育教学模式是一种创新的、层次分明的教学体系。它充分尊重学生的选择权并激发学生的主动性，鼓励学生自主选择运动项目、学习时间和教师，从而更好地调动学生的学习积极性，进行个性化发展和技能提升。高校通过三级会员制（初级会员、中级会员、高级会员）来满足不同学生的体育需求和兴趣，层次分明，有助于循序渐进地提高学生的体育水平。

（一）初级会员

初级会员主要针对对某项体育活动感兴趣并希望提高运动技术水平的学生。这一级别的教学目的在于培养学生的兴趣和基本运动技能，使其在享受运动乐趣的同时，能够逐步掌握运动的基本知识和技能。

（二）中级会员

中级会员面向在某个体育项目上具有一定基础和一定比赛或表演能力的学生。在这一层级中，教学内容不仅涵盖技能提升，还包括体能训练和战术理解，以便学生能参与俱乐部内部的比赛和表演，进一步提高其运动水平和竞技能力。

（三）高级会员

高级会员是为运动技术水平较高、能力较强的学生设置的，他们通常能代表学校参加各种重要比赛或表演。这一级别的教学更注重专业训练和竞技表现，旨在进一步锤炼学生的技术和战术，提高其在高水平竞赛中的表现。

通过这种分级制度，俱乐部式体育教学模式针对不同能力水平的学生提供更为精准的教学内容和训练方法，解决了学生在体育学习中遇到的"吃不饱"和"吃不了"的问题。此外，这种模式可以通过菜单式学习，补充中级和高级会员的体育素质教育和训练，增强学习的实用性，提高他们的学习兴趣，也培养了学生的自我管理能力和社会适应能力，促进了学生体育技能的全面发展。

二、俱乐部式体育教学模式的特色教学指导思想

（一）学中练，练中赛

"学中练，练中赛"是高校体育俱乐部课程的特色教学指导思想之

一，体现了一种高度融合理论与实践的教学方法。该教学思想主张在学习过程中不断练习，并在练习中提升至比赛水平，通过这一连串的学习加强学生体育技能的实际应用能力。

在这一教学模式中，首先，教师传授必要的理论知识，使学生对运动技能有一个基本的了解和认识。其次，学生在教师的引导和示范下，通过学习模仿掌握具体的动作技巧。在此阶段，学生通过反复练习，逐步熟悉并精进其技能，准备进入下一个阶段。最后，随着技能的提升，课程将进入高级阶段，即比赛环节，此环节不仅是技能实践的延伸，也是学生综合运用所学技能的重要测试。通过比赛，学生能在实战中发现问题、调整策略并提高应对各种竞赛情况的能力。这种模式强调在真实或模拟的比赛环境中学习，使学生能够在实际比赛中更好地运用技能，从而实现从课堂到实战的无缝对接。

（二）学技能，用技能

"学技能，用技能"也是高校体育俱乐部课程的特色教学指导思想，强调运动技能的实用性和应用性。高校体育俱乐部课程不仅仅教给学生如何掌握技能，更重要的是教给他们如何将这些技能融入日常生活，提高生活质量，增进个人健康以及在社会中发挥积极作用。这种教学模式强调了体育技能的实际应用，使学生能够更全面地发展个人潜能，从而实现技能学习的真正价值。

在这种教学模式下，课程设计者和教师会识别并明确每项技能的学习目的和实际应用场景。例如，学习篮球技能不仅仅是为了提高投篮准确性，更是为了培养团队协作能力、策略思维和应对压力的能力。通过这种方式，学生不仅能学习到技能本身，还理解了这些技能在现实生活中应用的重要性。

在教学过程中，教师将引导学生通过实际操作掌握技能，包括结合模拟实际应用的练习，如设置具体的场景任务让学生在模拟比赛中应用篮球战术，或者通过组织小型的社区体育活动，让学生将游泳或跑步技能用于增进社区成员的健康。这样的实践不仅加深了学生对技能的掌握，还增强了他们将技能转化为实际行动的能力。

此外，"学技能，用技能"的教学思想还强调持续的技能发展和终身学习。通过持续的练习和更新的学习资源，学生可以不断提高和完善自己的技能，适应不断变化的体育需求和生活方式。这种教学方法帮助学生认识到学习体育技能不是课程的终点，而是一个可以持续整个人生的旅程。

（三）增强体质，增进健康

在高校体育课程教学中，"增强体质，增进健康"一直是指导思想和教学目标的核心。学生的健康涵盖了身体和心理两个方面。在参与体育活动的过程中，学生不仅要掌握运动技能，还要将体育运动作为情绪疏导的一种有效手段，通过运动舒缓情绪、体验快乐。教师在教学课堂上应关注学生的心理状态，鼓励他们学习技能和参与运动，并通过体育运动帮助学生缓解不良情绪。

此外，多样化的体育俱乐部课程形式允许学生根据自身身体条件和兴趣爱好选择适合自己的运动项目，这不仅有助于提升身体健康，还能促进心理健康。通过这种方式，学生能够愉悦身心，系统地学习运动知识、技能和方法，从而形成良好的运动习惯。

三、俱乐部式体育教学模式的优势

俱乐部式体育教学模式有其突出的优势和特征，归结来看，可以分为以下几项。

（一）以学生为中心

俱乐部式体育教学模式突出了以学生为中心的教育理念，重视学生的主体性和选择权，能更好地满足学生的个性化需求和兴趣。在这种模式下，教师从传统的知识传递者转变为指导者和支持者。教师根据学生的兴趣和需求设计教学计划，更加注重培养学生发现问题、解决问题的能力。这种以学生为中心的教学方式有助于发展学生独立思考和自我管理的能力，这些能力对于学生的终身学习和健康生活至关重要。学生不再是被动接受知识的对象，而是变成了积极的参与者和决策者。他们有更多的机会根据自己的兴趣选择运动项目，从而更加热情和投入地参与体育活动。

（二）能增强学生参与度和学习动机

在传统的体育教学中，教学内容往往由教师或学校统一安排，学生必须按照既定的课程进行学习，这种方式可能会忽视学生个别的兴趣和需求。相比之下，俱乐部式体育教学模式提供了一个更为灵活和开放的环境，学生可以自主选择自己感兴趣的体育项目。这种自主选择不仅增强了学生的参与感，还有助于提高他们的学习动机和学习效率。

通过允许学生自主选择运动项目、学习时间和教师，这种模式极大地提高了学生对体育活动的兴趣和参与度。学生能够根据个人偏好和兴趣选择他们真正喜欢的运动，这种个性化的选择有助于增强他们的内在动机，从而提高学习效率和持久的参与感。

俱乐部式体育教学模式可以满足不同水平学生的需求，分层的会员制度确保了从初级到高级各层次学生都能找到适合自己技能水平和兴趣的训练课程。这种分级教学能够精准地对应学生的个别差异，有效地解决了传统体育教学中学生感受到的挑战不足或过度挑战的问题，有助于每个学生都能在适宜的层级中得到成长和提升。

（三）能促进团队合作和社会技能提升

在俱乐部式体育教学模式中，学生不仅需要学习体育技能，还需要与其他学生合作，参与团队比赛和表演。这种互动促使学生在体育活动中练习社会交往技能，如沟通能力、团队合作能力和领导力，这些都是今后学生在社会中取得成功不可或缺的技能。

俱乐部式体育教学模式可以提供连续的学习路径，从初级到高级的递进式学习路径为学生提供了清晰的成长轨迹，学生可以清楚地看到自己的进步路线，并且随着能力的提高逐步过渡到更高的级别。这种连续性不仅增加了学习的连贯性，还激励学生持续努力，追求更高的成就。

（四）能促进终身体育习惯的养成

俱乐部式体育教学模式不仅关注技能的提升，还注重培养学生长期参与体育活动的习惯。通过增加学生参与体育活动的乐趣和成就感，这种教学模式有助于学生将体育活动作为一种终身的习惯和兴趣继续保持，从而达到促进公众健康和活力的广泛社会目标。

四、实施俱乐部式体育教学模式的注意事项

实施俱乐部式体育教学模式，增强俱乐部式体育教学模式的实施效果应该注意以下几点。

（一）加强俱乐部教学管理

为保证俱乐部式体育教学模式的效果与质量，加强教学环节的管理尤为关键。这包括对课外俱乐部的管理和对教师或教练的严格考核。俱乐部需要制定和实施一套明确的教师评估标准，这些标准应覆盖教学技巧、学生互动、课程设计、安全措施及专业知识等方面，确保教师都具备达到专业体育水平的任教资格。例如，高校可以通过定期的教学观摩、学生反馈和成果展示等方式评估教师的教学效果。此外，对于课外俱乐部，高校应确保有足够的监管措施，如定期检查、随机抽查等，确保教学活动的质量和安全，防止教学水平的滑坡。采用这些措施，可以有效地提高教学质量，增强学生和家长的信任，促进体育俱乐部的健康发展。

（二）优化选课制度

体育俱乐部的选课人数应当适当放宽，以满足更多学生的选课需求。这一措施不仅能够真正实现俱乐部分层教学的目的，还能为学生提供更加多样化的体育学习机会。为了实现这一点，高校可以考虑扩大俱乐部的师资力量和场地资源，确保每个学生都能在适合自己水平和兴趣的俱乐部中找到位置。此外，高校还应该根据学生的兴趣和背景来调整和优化课程设置，确保课程内容既具挑战性又具吸引力。通过这种方式，俱乐部式体育教学模式不仅能更好地适应学生的个性化学习需求，还能增强学生的学习动机和参与度。

（三）完善激励体系

高校应进一步完善俱乐部式体育教学模式中的激励体系，除了给予学生学分奖励，还可以通过各种方式激发和维持学生的参与热情。例如，高校可以设计一个明确的层级晋升体系，当学生从初级会员升级到中级或高级会员时，可以给予他们特定的奖励，如荣誉证书、奖品或特别活动的优先参与权。这种奖励不仅认可了学生的努力和成就，也鼓励他们继续参与并提升自己的技能。高校还可以定期举行"最佳运动员""最具体育精神运动员"等评选，表彰在训练和比赛中表现突出的学生。这种公开的认可可以增强学生的成就感，激发其他学生的竞争意识和参与欲望。对于高年级无体育课的学生，加入俱乐部并通过考核合格后获得学分奖励，是一种有效的激励机制。这种做法不仅鼓励学生积极参与体育活动，还有助于他们认识到体育的长期价值和重要性。此外，为了进一步激励教师，建议将课外俱乐部教师的工作量与课内教师的工作量同等对待，并给予相应的报酬待遇。这将有助于提高教师的教学积极性和专业性，确保教学质量。这种学分和报酬激励机制将为高校的体育教学体系建设带来积极的推动效果，有助于促进课内外一体化体育教学的实现，也为学生创造一个更加公平和动力十足的学习环境。

（四）完善俱乐部网上选课系统

为了提高体育俱乐部选课的便利性和效率，高校需要完善课内俱乐部的网上选课系统，并建立课外俱乐部的网上选课平台。这一措施将使学生能够更加方便地浏览各种俱乐部提供的课程信息，根据自己的时间和兴趣灵活选择。网上选课系统应包含课程的详细描述、教师资料、上课时间及人数限制等信息，以帮助学生做出更加明智的选择。此外，系统还应具备良好的用户体验设计，确保选课过程简单直观，同时保障数据的安全和隐私。对于课外俱乐部，高校同样需要建立专门的选课系统，以便学生能够随时查看并参与课外活动。这种方式可以大大提高俱乐部课程的管理效率和学生的参与度。

（五）建立系统化的考勤机制

为了更有效地管理俱乐部的教学和活动，建议建立系统化的考勤机制，如引入一卡通或指纹考勤机制。这种考勤系统不仅能确保学生按时参加俱乐部活动，还能实现教学、训练、群体活动和体质测试的一体化管理。通过这一系统，高校可以轻松地跟踪了解每个学生的出勤情况、活动参与度及其在各种测试中的表现。此外，该系统还能帮助教师及时了解学生的活动参与情况，以便及时调整教学计划或提供个性化指导。从管理角度看，这种考勤机制能够简化记录工作，减少纸质记录的需求，提高数据处理的精确度和效率。此外，一体化的数据管理还有助于学校全面评估俱乐部活动的效果，有助于对学生体育素质的整体提升情况进行监控，确保体育教学活动的质量和效果。

第四章　高校体育教育的教学评价

第一节　高校体育教育教学评价的内容

一、高校体育教育教学评价的概念

高校体育教育教学评价是一个系统的评估过程，旨在从教学的过程和结果两个维度全面衡量体育教学的有效性和效率。这一评价不仅关注学生在体育课程中的学习成果，如体育知识和技能的掌握情况，也涉及评估教师的教学策略和教学活动的质量。其中，高校体育教育教学评价的一个重要方面是对教学结果的评估。评价会反映学生在体育学习方面的成绩和表现以及对体育知识和技能的掌握程度，也间接反映了教学方法的有效性。因此，教师的教学活动质量在此评价过程中同样得到了考量。然而，评价高校体育教学并不仅限于对最终成绩的考量，还包括对教学全过程的监控和分析，从而确保教学活动能够符合教育目标和学生的实际需求。

高校体育教育教学评价的核心目的是提升学生的体育能力和培养他们的终身体育习惯。评价过程应该揭示学生能力的提升程度，以便教师可以根据评价结果调整教学策略，优化教学过程，确保教学活动既符合教育性质也满足学生的发展需要。通过这种全面和动态的评价方式，高校体育教育能够更加精准地促进学生身心健康和整体发展。因此，在制定评价目标时，高校必须确保这些目标符合课程标准，既不偏离也不超出预设的教学框架。

此外，考虑到学生的体育学习表现是多样化和动态变化的，因此评价也需要采取灵活多样的方法。例如，通过比较具有相似学习背景和体育能力的学生群体，可以更加客观地分析和识别体育教学中的一般效果和趋势。这种方法有助于教育管理者和教师识别有效的教学策略以及需要改进的领域。

二、高校体育教育教学评价的内容

高校体育教育教学评价不仅是一种教学监督机制，也是提高体育教学质量、推动体育教育改革的重要工具。高校体育教育教学评价的内容包括行政管理工作、教师队伍、教学工作、体育教学场地、学生学习效果、课外体育活动、体育科研能力等多个维度的全面评估，如图 4-1 所示。高校体育教育教学评价应帮助教育管理者和教师深入理解教学活动的绩效，从而做出科学的决策和调整，因此，这样的评价系统应涵盖体育教育教学的全链条内容，通过全面的分析和反思，推动体育教育的改革和发展，提高教学质量，并为教学管理和决策提供科学的依据。

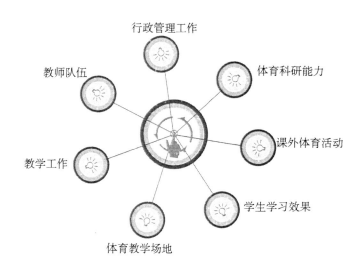

图 4-1　高校体育教育教学评价的内容

（一）行政管理工作

在体育教育领域，对行政管理工作的评价是确保教学质量和实现教育目标的关键因素之一。这一评价不仅反映了学校对体育教育重要性的认识和支持程度，还直接影响体育教学的实际效果和学生的体育发展。行政管理评价主要关注的是学校领导如何通过其政策和决策，有效地推进学校体育教育的整体质量和进步。因此，对行政管理工作的评价主要体现在对学校领导工作的评估上，涉及领导层是否真正将体育教育视为学校教育工作的重要组成部分，并且在实际行动中给予足够的重视。评价的核心是观察领导层是否从根本上推动体育教育，把它放在一个优先的位置。全面重视体育教育的行政管理工作应当在人力、物力和财力等各方面提供支持和保证，同时加大对体育教育投入的监管和评估。具体来说，高校体育教育行政管理工作评价主要包含以下几个方面。

1. 学校是否有专人领导和负责体育教育工作

有效的行政管理在体育教育中起着至关重要的作用。评价学校是否有专人领导和负责体育教育工作，主要考察学校是否设有专职的体育教育负责人或部门。这样的安排反映了学校对体育教育的重视程度和系统管理的专业性。专人负责可以确保体育教育政策的连贯性和执行力，促进体育活动的有序开展。此外，这位负责人或这个部门通常负责规划体育课程、组织体育活动、监督教学质量以及教师的专业发展，其专业能力和管理水平直接影响体育教育的质量和效果。

2. 学校是否把体育教育工作纳入议事日程，并定期进行研讨与工作发展规划

一个学校体育教育的成熟度可通过其是否将体育教育工作纳入常规的议事日程并定期进行研讨和规划来评估。将体育教育工作列入议事日程表明学校管理层认真对待体育教育，视其为学生全面发展的重要组成部分。定期的研讨和规划会议有助于持续改进教学方法和学生体验，确保体育活动能够适应学生需求和社会变化。此外，这些会议也提供了一个平台，让教育者和管理者共同反思和评估体育教育策略的有效性，从而做出必要的调整。

3. 学校对体育师资队伍的聘用、培养、管理是否建立了科学、严谨的制度

高质量的体育教育依赖优秀的教师团队。因此，对体育师资队伍的聘用、培养和管理制度的评价非常重要。科学、严谨的制度能够确保教师队伍的专业性和稳定性，从而提高教学质量。这包括严格的招聘流程、持续的专业发展机会以及有效的绩效评估体系。这样的制度不仅能吸引高水平的体育教师，还能激励教师不断提高教学技能和知识水平，确保他们能够应对不断变化的教育需求。

4. 学校每年对体育经费的投入是否达到合理的比重，是否对必要的体育教学条件做好更新、优化与维护管理工作

评价体育经费的投入及其管理，可以看出学校对体育教育的支持程

度。合理的经费比重是维持和提高体育设施和器材质量的关键。这不仅包括体育馆、球场和操场的维护，还涉及更新过时的设备和器材，确保教学和训练环境的安全与现代化。适当的投资可提供优质的体育教育设施，而持续的设施维护则保证了学生体育活动的连续性和效果。通过监管这些投入的使用效果，学校能够确保资金被有效利用，实现体育教育的长远发展。

（二）教师队伍

对体育教师队伍的评价是体育教育质量保证体系中的一个重要环节。这项评价不仅考查教师的专业背景和教学成绩，还包括敬业精神、职业道德、教学能力等多方面的综合考核。通过这种全面的评价，学校能够客观地了解体育教师的综合能力和适任性，从而提高教学质量和学生的体育学习效率。

评价体育教师队伍首先需要考虑教师的专业背景，包括其专业知识、技能水平以及与体育教育相关的资质认证。其次，教师的过往教学成绩和学生的学习成果也是评价的重要指标，这反映了教师的实际教学效果和影响力。

敬业精神和职业道德是评价体育教师不可忽视的方面。这包括教师对工作的投入程度、遵守学校规定和教育准则的情况以及在日常教学和学校活动中展现的职业行为。一个敬业且具有高标准职业道德的教师，能够在学生中树立良好的榜样，促进学生的全面发展。

教学能力的评价则涉及教师的课堂管理技巧、教学方法的创新性以及如何有效激发学生兴趣和提高学生参与度。教师的教学方法应与当前教育理念相符，能够适应不同学生的学习需求和偏好。

年龄结构、性别比例和学历结构也是评价体育教师队伍的重要方面。这些因素影响教师队伍的多样性和教学策略的广泛性，一个多元化的教师团队能够提供更丰富的教学视角和方法。

另外，对教师队伍的评价还应包括教师参与专业发展活动的积极性、科研能力和学生评价。积极参与在职培训和专业技能提升的教师更能适应教育的发展需求，而出色的科研能力则有助于教师在教学中引入最新的体育科学成果。同时，教师能否赢得学生的喜爱和尊重，直接影响教学效果和学生的学习动力。

通过全面而深入的评价，学校能够确保体育教师队伍的专业性和高效性，从而提高整体的体育教育质量。

（三）教学工作

对体育教学工作的评价是一个多维度、全过程的评估，关键在于检验教学计划的实施效果和教学质量的提高程度。这一评价不仅关注教学计划是否按照预定目标和时间表得到有效实施，也深入探讨教学过程的顺利进行和最终结果的达成程度。此外，教学过程中的参与者，包括直接参与的教师和学生以及间接相关的家长等，都是评价反馈的重要提供者，他们的反馈有助于全面了解教学活动的影响和效果。评价体育教学工作的一个核心要素是教学结果的实际表现，即学生在体育技能、体育知识以及体育态度方面的具体进步。教学效果的评估不仅基于学生的体育表现和健康改善，也包括他们对体育活动的兴趣和参与度的提升。此外，高校还应对教学内容的创新性和适应性进行评价，以确定是否有效地满足了学生的需求和当代体育教育的趋势。对教学工作进行的评价，还包括对教学方法的考查，如教师是否能灵活运用多样的教学策略，以适应不同学生的学习风格和能力。同时，评价还要关注教学资源的使用，检查是否有效利用现有的体育设施和教学材料以及是否能创新地整合新技术和教育工具，增强教学互动性和实践性。

此外，对体育教学工作的评价还关注教学活动的持续改进和发展。这包括与往期教学活动相比，当前教学是否有所进步，是否在某些方面取得了突破，如教学方法的创新或教学效果的显著提高。评价过程中也会考量教师间的协作与分享，如是否组织教学观摩、公开课以及定期的教学研究和交流活动，这些都是推动教师专业成长和教学质量提高的重要活动。这样综合而详尽的评价，可以确保体育教学工作不仅遵循教育目标，也能在实践中不断创新和改进，最终达到提高学生体育能力和生活质量的教育目的。

（四）体育教学场地

对体育教学场地设施的评价是体育教育教学评价体系中的重要组成部分，它关乎教学质量与学生安全，也反映了学校体育资源的整体水平和对社区服务的贡献。这一评价涵盖与场地相关的多个关键方面，以确保体育设施能够满足教学、训练和比赛的多样需求。

体育教学场地设施是否达到教学目标的要求是评价的基本点，包括场地的大小、标记的清晰度以及设施的功能是否能支持学校的体育课程需求。例如，一个完备的田径场应具备标准的跑道、跳远沙坑和投掷区，以便进行田径教学和训练。设施是否按照国家的配置要求进行布置也是评价的关键。这涉及设施的规格、数量和质量是否符合国家体育总局或中华人民共和国教育部的标准。例如，篮球场是否配备有标准尺寸的篮筐和足够的观众席位，这些都是符合规定的重要指标。评价不仅要检查设施是否符合最新的安全标准，还要考查是否有专人负责日常的管理和维护。因此，安全性是体育设施评价中的核心要素。定期的设施检查和维护可以确保设备处于最佳状态，预防事故发生，保障使用者的安全。

此外，评价还要考虑体育设施是否符合当地社区体育发展的需求，并具备服务社区的能力，包括设施是否对社区开放以及是否能够承办社区体育活动和赛事。通过这种方式，学校的体育设施不仅服务于学生，也成为推动当地体育文化发展和居民健康生活的平台。体育场地设施是否能满足举办大型体育比赛的要求也是评价的一部分。这不仅包括场地的容量和设施的完备性，还包括辅助设施，如更衣室、照明和观众设施的配备情况。

理论教学场地通常指的是用于体育理论课程的教室或多功能室，这些场所应配备适当的教学技术设备，如多媒体投影仪、电脑以及互动白板等，以支持现代教学方法。这些设施的配置和维护质量直接影响理论知识传授的效率和学生的学习体验。因此，评价体育设施也包括考查这些教学场地是否具备良好的视听环境、是否有足够的空间以容纳适当数量的学生以及是否提供了适宜的家具和教学设备来促进学生的学习活动。此外，理论教学场地的布局和设计也应考虑学生的舒适度和互动性。例如，座椅和桌子的布置是否允许学生在课堂上方便地进行小组讨论，空调和照明系统是否能够创造一个有利于学习的环境。有效的理论教学场地应支持多种教学模式，包括讲座、小组讨论和案例研究等，以适应体育课程的多样化需求。对理论教学场地的评价还应包括其技术支持系统的现代化程度和可靠性，如网络连接的稳定性、数据存储和备份设施的安全性等，这些技术条件是实现现代教学方法的基础。

（五）学生学习效果

对学生学习效果的评价是体育教育中最为关键的环节，它直接反映了教育活动的成效和学生体育发展的质量。这种评价应当科学、全面并保持客观性，避免仅以成绩为评价标准，而应综合考虑学生在体育活动中的表现和行为，以便真实地反映学生的学习情况和体育素养。

学生学习效果的评价应包括多个方面：首先是体质状况，这通常通过体质测试得分来评估，考查学生的身体健康和基本体能，如力量、速度、耐力和柔韧性等。其次是运动能力，这涉及学生在各种体育技能上的表现，包括球类技能、田径技能和体操技能等。

此外，学生的主动投入时间也是评价学习效果的重要指标，它反映了学生对体育学习的热情和投入程度。对集体体育活动的参与程度则显示了学生在团队中的活跃性和协作性，这对于团队互动特别重要。体育锻炼达标程度则从更宏观的角度评估学生是否达到了教育部门或学校设定的体育锻炼标准。

学习意愿和态度是评价学生学习效果的另一个重要维度，它包括学生对体育课的兴趣、上课时的积极性以及对学习新技能的开放性。运动技术的掌握情况包括学生对特定体育技能的理解和执行能力，这是评估学生技术水平的直接方式。

对比赛胜负的心理承受能力和与同学合作的精神则更多地涉及学生的心理素质和社交能力。这些因素对于学生的个人成长和团队互动同样重要，能够帮助他们在竞争和合作的环境中更好地适应和成长。

（六）课外体育活动

课外体育活动是正规课程教学内容的补充和扩展，它为学生提供了额外的实践机会，使他们能在非正式且多样的环境中应用和练习在课堂上学到的技能。这种实践是深化技能理解和提升运动技能的有效途径。例如，通过定期组织篮球、足球或田径等项目的课外比赛，学生能够将课堂上学习的运动技巧和战术应用到比赛中，从而提高运动能力和竞技水平。这些校外的赛事也有助于培养团队合作精神、竞争意识和公平竞争的态度。例如，通过参与校园体育俱乐部或体育社团，学生不仅锻炼了体能，还通过与他人的互动增强了社交技能和团队协作能力。

保持课外体育活动与规定的体育课程之间比例的平衡至关重要。这需要确保课外活动既要足量，又不会挤占正式教学规定的体育课程活动和课时，因此，这种评价主要关注以下几个方面。首先是活动的组织和实施情况，包括是否有足够的活动种类满足不同学生的兴趣和需要以及活动是否得到了合理的安排和支持，即评价这些活动的有效性。评价还应关注学校是否定期组织各种体育锻炼和比赛活动（如校运动会），是否保证学生每天至少一小时的高质量体育活动。这些活动的连续性、创新性和能否激发学生积极参与，是评价其效果的重要指标。定期的体育活动不仅能增强学生的体质，还能提高他们的社交能力和团队协作精神。其次是学生参与度的评价，这一评价可以了解活动对学生是否具有足够的吸引力以及学生是否能够在活动中主动参与，是否具有举办和参与的价值，这直接影响技能的提升和身体素质的增强。再次是评价活动的实际成效，即课外体育活动应有助于提高学生技能、体质的改善以及团队协作能力的增强，否则要多方面查找原因进行改进。最后是评价学校与社区的互动以及学生在更广泛社会环境中的表现。这种评价能够为教育者提供反馈，帮助他们了解当前体育活动的有效性，并据此调整教学策略和活动安排。这种评价确保体育活动不仅能够提高学生的体育技能，还能增进学生的社会技能和生活质量，使体育教育更加全面和有效，也能促进学生的社会责任感和公民身份认同。

此外，高校还应鼓励学生参与更广泛的社区及区域级别的体育活动和竞赛。是否参加市、区（县）级以上的体育活动以及在这些活动中是否取得优良成绩，可以显著影响学校的体育声誉和学生的个人成就。同时，这些活动为学生提供了展示自己能力和争取更高荣誉的平台。

（七）体育科研能力

在高校体育教育中，对教学情况的评价固然重要，但对体育科研能力、学校支持科研活动的程度及科研环境构建情况的评价，同样不可或缺。这种评价不仅有助于提高体育教学质量和科研水平，还能推动体育学科的知识创新和技术进步，从而在更广泛的学术和教育领域产生积极影响。因此，高校和教师的体育科研能力评价是体育教育评价体系中的一个重要组成部分。

评价体育科研能力的一个重要方面是教师参与公开课评比或优质课的评选活动的程度。这类活动不仅是教师展示教学成果的平台，也是他们进行横向学习与纵向对比，从而不断提高教学质量的重要机会。通过这样的评比活动，教师可以相互学习，也能接受同行和专家的反馈，进一步优化自己的教学策略。

教师是否在省级以上期刊上发表体育教学或运动训练相关的论文，也是衡量其科研能力的关键指标。这不仅证明了教师在体育学科领域的研究能力和专业水平，也表明他们能够对体育教学和训练方法进行深入的科学探讨和理论创新。此外，学校对体育教研的投入程度也是评价科研能力的重要内容。这包括学校是否为教师提供必要的信息资料、研究设施和经费支持以及是否建立了一套完善的科研管理制度。一个支持性的研究环境能极大地促进教师的科研活动，增强学校体育科研的整体实力和影响力。

教师和学校是否制订了明确、具体的教学研究与科研计划也是评价科研能力的一部分。这些计划应详细规划研究目标、方法和预期成果，反映出学校和教师对体育科研活动的重视程度和战略布局。

第二节　高校体育教育教学评价的原则

高校体育教育教学评价的原则是确保评价活动既公正又有效的关键因素。在教育过程中，评价不仅帮助监控教学质量和学生的学习进度，也指导教育政策的制定和实施。因此，高校体育教育教学评价的原则至关重要，它们为设计和实施教学评价提供理论基础和实践指南，能够确保评价活动真正促进学生的全面发展和教学方法的持续改进。探讨这些评价原则，可以更好地理解评价活动的多维度功能，并实现教育目标与社会需求之间的有效对接。高校体育教育教学评价应该秉承的原则有以下几项，如图 4-2 所示。

图 4-2 高校体育教育教学评价的原则

一、目的性原则

目的性原则强调评价的根本目的不仅仅是识别体育教学中的优势和不足，更重要的是通过这一过程来提高体育教育的整体质量和效率。在体育教育教学评价体系中，秉承目的性原则，能够确保体育教育教学评价一直沿着评价的方向和目的进行，而不会跑偏或者产生无效评价。

目的性原则要求体育教育评价不应仅仅停留在表面的肯定或否定上。简单的评价结果可能暂时揭示问题，但这种方式无法深入挖掘问题的根源，也不足以指导未来的教育实践和政策制定。评价真正的目的应该是通过系统的评价过程，深入分析和理解体育教学的每个环节，从而发现并总结有效的教学策略和方法。

这种以目的为导向的评价更有助于教育者和管理者从过往的教学实践中提炼经验，及时调整教学策略，以应对学生不断变化的需求和社会对体育教育的新期待。例如，教师通过评价可以发现哪些教学方法能够有效提升学生的体育技能，哪些教学安排能够更好地激发学生的参与热情，从而使这些成功的经验可以被进一步推广和应用。

此外，目的性原则还强调评价结果的应用价值，即如何利用评价数据指导未来的体育教学决策。明确评价的目的，可以确保评价活动不是一个形式化的过程，而是一个有助于体育教育持续改进和发展的实质性工具。

因此，评价体育教育教学的活动在开始之前，必须清晰地定义其目的。这不仅能帮助评价活动保持正确的方向，避免偏离教育的根本目标，还能确保评价结果被有效地用于未来的教育改进和决策制定中，从而真正实现提高体育教育质量的长远目标。

二、客观性原则

体育教育教学评价要遵循客观性原则，这是评价结果真实有效的重要保障。这一原则要求评价过程中的每一个环节都必须严格尊重事实，确保每一项判断和决策都建立在公平、公正的基础之上。这种评价的客观性不仅关系到教育质量的准确反映，也直接影响体育教育改进的方向和效果。这是评价活动能够正确执行并发挥预期作用的基础。这一原则的有效实施，可以确保评价结果的准确性和可靠性，为体育教育的持续改进和发展提供坚实的基础。这不仅有助于提高教学质量，还能促进学生的全面发展和体育教育目标的实现。

体育教育教学的客观评价要求评价者在整个过程中坚持中立，不受个人情感、价值观念或任何外在因素的干扰。这是因为任何带有主观色彩的判断都可能扭曲评价结果，导致评价失去应有的导向功能。例如，如果教师在评价学生时受到对某些运动项目的偏爱影响，可能会不自觉地给予这些项目的学生更高的评价，这样的评价就无法真实反映学生的实际能力和教学活动的真实效果。

为了保持评价的客观性，评价标准和指标的制定必须基于广泛的研究和实证数据，确保这些标准和指标能够全面而准确地衡量体育教育教学的各个方面。这些标准应当公开透明，让所有教育参与者都能清楚地了解评价的依据和方法，从而增强评价的可接受性和公信力。

评价过程本身也应该严格遵循既定的程序和规则，确保每一次评价都在相同的条件和标准下进行，避免因环境变化或操作不一致而产生的评价误差。同时，进行体育教育教学评价的人员应具备高度的专业能力和良好的职业操守，他们的评价活动应受到严格的监督和规范，确保其在评价过程中能够真正做到客观公正。

此外，利用现代技术手段收集和分析数据也是保证评价客观性的有效途径。利用数据分析工具和统计方法，可以从大量的教学活动和表现数据中提取出有价值的信息，帮助评价者从更广阔的视角、用更科学的方法进行判断和决策。

三、统一性原则

在高校体育教育教学评价中，统一性原则起到了核心的作用，它能确保评价标准和方法在不同情境下的一致应用，以保障评价结果的公正性和可比性。这一原则的重要性体现在它能帮助教育者、学生和管理者通过一个共同标准来评估和比较体育教学的效果，进而做出科学和合理的决策。

统一性原则强调评价标准的一致性，确保了评价活动能够在多样的教育环境中保持相同的质量和效度。例如，无论是课堂教学还是体育比赛，无论是期中还是期末，评价的标准和方法的一致性都是确保所有参与者能够在平等基础上接受评价的前提。这种方法的一致性不仅有助于减少评价误差，也增强了评价结果的信度和效度。

然而，评价的统一性并不意味着完全忽视地区间的经济、文化及教育背景的差异。实际上，有效的评价系统应当在保持基本标准一致的同时，允许适度的灵活性以适应不同地区的特定需求。例如，在经济较为落后的地区，资源的稀缺使体育设施和设备无法满足理想的教学标准，评价体系在这种情况下应当考虑这些限制因素，对评价标准进行相应的调整，而不是简单地按照理想状态进行判定。这样的调整有助于更真实地反映教学活动的实际情况。

此外，为了维护统一性原则，在设计和实施体育教学评价时，高校需要建立明确的评价指标和标准，这些标准应当详尽地说明评价的具体内容、方式和预期效果。标准化的评价工具和方法，可以确保不同评价者在进行教学评价时的一致性，从而提高评价的整体质量。

在保持评价的统一性的同时，高校必须不断更新评价工具和方法，以适应体育教学实践和科技发展的新要求。随着教育技术的进步和教学方法的创新，传统的评价标准无法完全适应新的教学内容和形式。因此，评价体系应具备适应性，能够根据教育实践的发展进行必要的调整，确保评价活动始终能够准确反映教学的真实情况和效果。

四、可量化原则

体育教育教学评价的可量化原则强调评价指标的实际可测量性，以确保评价过程中的数据收集既科学又具体。该原则的核心在于将抽象的教学目标转化为具体、可操作和可量化的指标，以便通过直观的方法或工具进行准确测量。这种转化不仅增加了评价的透明度，也提高了评价数据的可靠性和评价结果的应用价值。

在体育教育教学评价的实际操作中，遵循可量化原则意味着需要精心设计各类评价指标，确保这些指标能够客观地反映学生的学习成果和教学方法的有效性。例如，如果评价目标是测量学生运动技能的掌握程度，那么相关的评价指标可能包括运动技能的精确度、一致性和反应时间等，这些都是可以通过具体的测试和观察来量化的。

为了确保评价的可测量性，使用合适的测量工具是关键。在体育教育教学评价中，技能和体能的评估往往依赖特定的仪器和设备，如秒表用于测量跑步时间，计分器用于记录篮球或足球的得分情况。这些工具提供了一种量化方法，通过数字结果来展示学生的体育表现，使评价结果既具体又易于理解。

此外，可量化原则还要求评价过程具有重复性和一致性，即同一评价指标在不同时间或不同环境下应当能得到相同或相近的测量结果。这一点对于确保评价结果的公正性和可比性至关重要。例如，评价学生的长跑能力时，需要在相似的条件和标准下多次测量，以获得一个稳定和可靠的评估结果。

实施可量化原则还涉及评价结果的分析和解释。通过对收集的数据进行科学的统计分析，教育者可以更深入地了解评价结果背后的意义，如学生在某一体育技能上的进步趋势或在特定运动项目上的表现差异。这些分析不仅有助于教师调整教学方法，还能为学生提供个性化的训练建议。

五、发展性原则

体育教育教学评价的发展性原则是一个至关重要的原则，它强调评价不仅要反映当前的教学状况，更要促进教师的专业成长和学生的长远发展。这一原则的核心在于，评价活动应当被视为一个动态的、持续的过程，其目标是支持和激励所有参与者，特别是教师和学生，不断探索、学习和改进，从而提高整体的教育质量。

发展性原则认为，体育教育教学评价应当超越简单的成绩量化，深入探讨教学策略、课程内容和学习环境的持续改善。这种评价方式鼓励教师反思自己的教学方法，检视课程内容的相关性和有效性，同时考虑如何调整教学环境以更好地满足学生的需求。通过这种方式，评价成为推动教育创新和改革的工具，而不仅仅是一种监控或审查手段，从而促进教育教学的发展。

发展性原则还要求关注教师和学生这两大主体的发展。评价结果应用于教师培训和发展计划中，帮助教师识别自己的强项和可提升领域，从而进行有针对性的专业提升。例如，如果评价发现某教师在学生运动技能训练方面表现突出，学校可以鼓励其分享经验或参与更高级的教学策略研讨；如果发现教师在应用新教学技术方面存在不足，学校则可以提供相关的培训资源。

对学生而言，发展性原则关注的是如何通过体育活动促进其身心健康以及社会技能的发展。评价不应仅限于运动技能或体能测试成绩，而应包括学生的自我表达能力、团队合作精神和领导能力等方面。这种全面的评价可以帮助教师了解学生在非技术性技能上的表现，进而调整教学策略，以培养学生的各方面能力。

发展性原则还强调评价标准与原则本身的与时俱进。评价标准与原则不是一成不变的，而是需要适应教育环境和社会需求的不断发展变化，确保评价系统能够反映当前教育目标，并能够适应新的教育技术和方法。通过定期的评估和修订，评价标准不仅能够适应当前的教育环境，而且能够预见并适应未来的变化。这种动态的、前瞻性的评价方法可以有效地支持体育教育的持续发展，使教育系统更好地满足学生的需要和社会的期待，从而培养出更全面发展的个体。

具体而言，随着体育科学的进步和体育教育目标的变化，评价标准必须进行相应的更新和调整，以保证它们的相关性和有效性。例如，过去更重视学生体能的单一方面，如速度和力量，而现在更加强调学生的全面体育素养，包括体能、技能、心理健康和社会互动能力。因此，评价标准需要扩展，以包括对学生心理韧性、团队协作能力和领导力的评估。

发展性原则还应该考虑学生和教师的反馈，将其作为评价过程的一部分。通过定期的调查和讨论会，收集他们对体育课程和教学方法的看法和建议，可以使评价更加民主和包容。这种从下而上的反馈机制不仅能增强评价的透明度和参与度，也能使评价结果更加贴近教学一线的实际需求。

教育技术的快速发展为体育教育教学评价带来了新的工具和方法。利用数字技术进行体育技能的追踪和分析，可以使评价更加精准和个性化，以便更有效地测量和支持学生的学习过程。

评价标准的与时俱进也要考虑全球化和文化多样性的影响。随着世界各地的文化交流日益增加，体育活动和比赛也日趋国际化。这要求评价标准能够适应不同文化背景下的体育教育实践，尊重多样性的同时确保评价的普适性和公正性。

第三节　高校体育教育教学评价体系的构建

一、高校体育教育教学评价体系构建的指导思想

在构建高校体育教育教学评价体系时，管理者需要先从思想上认识评价的作用和地位，深入理解评价活动的本质，这样才能确保评价有效地促进教学质量的提高和学生全面发展的实现。

（一）评价与教学并重

评价在教学过程中不是一个附属环节，而是一个与教学同等重要的、持续的过程。在体育教育教学中，评价活动应与教学活动并行，持续地进行，以便实时监控教学进度和学生学习状态。这种并行性可以确保评价实时地反馈教学效果，帮助教师调整教学策略，优化教学内容，从而使教学活动更加精准和有效。例如，通过持续监测学生在体育活动中的表现，教师可以及时了解哪些教学方法有效，哪些需要改进。

（二）评价服务于教学

评价的目的不仅仅是监测或检查学生的表现，更是为了提供有力的信息和指导，促进学生的全面发展。这意味着评价应服务于学习过程，成为学习的动力和源泉。在体育教育教学中，这种评价不仅应衡量学生的体能和技能表现，还应评估学生的参与度、团队协作能力和运动精神。通过提供这样的评价反馈，教师和学生能够明确目前的成就和未来的提升方向，从而激发学生的积极性和自我提升欲望。

（三）评价要以人为本

评价系统应以人为本，关注每位教师、每个学生的独特处境和需求，尊重教师和学生的个体差异。在体育教育教学评价中，这意味着评价应适应不同的教学过程、教学项目以及学生的身体条件、兴趣和学习节奏。建立个性化的评价标准，可以激发每位教师、每个学生的潜能，帮助他们实现自身的最大价值，促进他们的全面发展。

二、高校体育教育教学评价体系构建的步骤

高校体育教育教学评价体系的构建是确保教学活动目标得以实现的重要环节。明确这一体系构建的步骤可以为评价活动提供结构化的指南，保证评价的系统性和连贯性。从明确评价的标准和内容、设计评价工具和方法、制定评价程序和时间表，到实施评价和收集数据、分析数据再到反馈和调整的过程，如图 4-3 所示，每一环节都对提高评价的准确性、公正性和适用性起到关键作用。体育教育教学评价体系不仅能帮助监测学生的体育技能和身体健康，也能促进教学方法的创新和教育质量的提升。因此，探讨这些步骤可以加深对如何有效地评估和提升体育教学实践的理解。

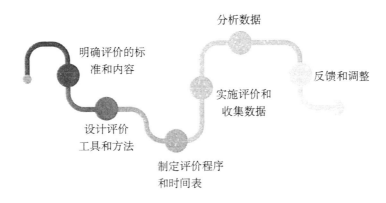

图 4-3　高校体育教育教学评价体系构建的步骤

（一）明确评价的标准和内容

构建高校体育教育教学评价体系的第一步是明确评价的标准和内容。这一步是整个评价过程的基础，对整个评价系统的科学性、公正性和实用性具有决定性影响。

明确评价的标准和内容要依据高校体育教育的具体目标和教学大纲进行。高校体育教育的目标通常涉及学生的身体健康、运动技能、团队合作、竞技精神、心理韧性等多方面。因此，评价标准须全面覆盖这些方面，以确保教育目标得到有效实施和监控。例如，如果体育课程的目标是提高学生的体能，那么相关的评价标准应包括心肺耐力、肌肉力量、柔韧性等具体指标；如果目标是增强团队协作能力，评价标准则应包括团队参与度、合作任务完成情况等。

评价内容的确定则需要详细规划评价的具体维度和层面。在体育教育中，通常要对学生的运动表现、参与态度、规则遵守、技术掌握度和心理调适等进行评价。每一项评价内容都必须有明确的定义和描述，确保所有教师和评价人员都能对其有相同的理解和期望。例如，在评价学生的运动技能时，评价标准应明确技能的具体要求，如篮球运动中的运球、传球、投篮技能等，每项技能的评价标准应详细到动作的准确性、效率和流畅性。

此外，明确评价标准和内容还要考虑评价的公平性和适用性。这意味着评价标准应当能够公正地适用于所有学生，无论其性别、年龄或体能水平。评价内容和标准的设计要能够适应不同学生的发展阶段和个体差异，允许教师根据每个学生的具体情况灵活调整评价的侧重点。

明确评价标准和内容的过程还应该是动态的，随着教育政策的变化、新的教育研究成果的出现以及社会对体育素养要求的提高，评价标准和内容也应当进行相应的调整和更新。这种动态调整确保高校体育教育评价始终能够反映最新的教育目标和社会需求，从而有效地指导体育教学实践，促进学生的全面发展。

（二）设计评价工具和方法

构建高校体育教育教学评价体系的第二步是设计评价工具和方法。这一步是实施评价活动的核心，可以确保评价工具的有效性和收集的数据的准确性。

教师在设计评价工具和方法时，要考虑工具的适用性和可操作性。在体育教育中，常用的评价工具包括技能测试表、体能测试表、标准化测试表、观察记录表、学生和教师的自评问卷以及同伴评价表等。每种工具都应针对特定的评价内容设计，以确保能够有效、精确地监测学生在体育活动中的表现。例如，对于技能掌握的评价，可以设计具体的技能测试表，如篮球投篮准确率的测试表，通过统计一定时间内的投篮命中数来量化学生的技能水平。对于评价学生的体能，可以使用如引体向上或800米跑等标准化测试表，通过直观的体能测试表现来评估学生的身体素质。同时，评价方法也需要设计得科学合理，具有多样性，包括确定评价的频次、环境和具体实施步骤，多次测量的次数以及多种评价方式的结合。这些能够保证评价过程的一致性和公正性，避免外部变量对评价结果的影响，确保测量结果的准确性。

（三）制定评价程序和时间表

构建高校体育教育教学评价体系的第三步是制定评价程序和时间表。这一步骤的重点是确保评价活动在适当的时间以恰当的方式进行，从而保证评价的效率和效果。评价程序应详细描述评价的流程，包括评价的准备、实施、数据收集、处理和反馈等各个阶段。时间表则需要明确每个评价活动的具体时间点。例如，可以在学期初、中、末进行不同的评价，以监控学生的进步和课程的效果。这种规划能够帮助所有参与者（教师、学生、管理者）了解他们的角色和责任，确保评价活动的顺利进行。

（四）实施评价和收集数据

构建高校体育教育教学评价体系的第四步是实施评价和收集数据。在这一步骤，评价执行者应根据前面制定的评价工具和程序，实际执行评价活动并开始收集数据。这一步骤要求评价执行者（通常是教师或评价专员）严格按照评价标准和方法操作，确保数据的准确性和完整性。数据收集包括填写评价表格、记录测试结果、视频或音频记录体育活动等多种形式。重要的是，所有数据收集活动都应确保学生隐私的保护和数据的安全。

在实施评价和收集数据过程中，评价执行者可能会遇到各种预期外的情况，如设备故障、天气变化或学生缺席等，这些都需要在评价程序中预设相应的应对措施。此外，对于收集到的原始数据，评价执行者还需要进行恰当的处理和存储，以便后续的分析和解释。这些数据将为教学决策提供重要依据，因此保证数据的质量是至关重要的。

（五）分析数据

构建高校体育教育教学评价体系的第五步是分析数据。在这个过程中，教育工作者需要运用适当的统计方法处理数据（如计算平均值、标准差、变异系数等），进行相关性或回归分析，以便揭示数据背后的趋势和模式。例如，在体育技能测试中，通过分析全班学生的成绩分布，教师可以识别出班级整体的技能水平以及个别学生的突出表现或落后情况。

此外，教师在解释数据时还需要考虑评价目的和教育背景，确保分析结果能够准确反映学生的学习情况和教学活动的效果。教育工作者应将分析结果与教学目标和期望成果相对照，评估教学策略的有效性以及学生的进步程度。

（六）反馈和调整

构建高校体育教育教学评价体系的第六步是反馈和调整。应将评价结果反馈给相关的教育参与者，包括教师、学生、家长以及教育管理者。反馈应当是具体的、建设性的，并提供明确的指导意见。例如，如果发现某个体育课程的学生整体表现不佳，教育工作者需要考虑调整教学方法或增加学生的练习量。

基于评价结果，学校和教师应采取具体行动优化教学策略和改善学生的学习环境，包括调整课程结构，采用新的教学工具，提供额外的辅导，或者开发个性化的学习计划。对于表现优异的学生，学校可以提供更多的挑战和提升机会，以促进其全面发展。

此外，评价结果的反馈还应被用作未来教学计划和政策制定的依据，帮助学校不断优化教育质量和教学效果。在这一过程中，持续的监控和调整是必不可少的，确保教育评价体系能够真正地支持教育目标的实现和学生的长远发展。

通过上述步骤的实施，高校体育教育教学评价体系能够形成科学的反馈机制，支持持续的教学改进和教育决策，从而提高教育质量，促进学生在体育领域的全面成长。

三、高校体育教育教学评价的实施方法

在高校体育教育中，有效的教学评价实施方法对于提高教学质量和学生学习成效至关重要。讨论高校体育教育教学评价的实施方法，可以帮助教育工作者了解和应用多样化的评价工具和技术，确保评价活动能够全面准确地反映教学实践和学生表现。这些方法涵盖了广泛的评价维度，如图 4-4 所示，支持教师在教学过程中做出及时的调整，并为学生的个性化学习路径提供数据支持。因此，深入探讨这些评价方法不仅有助于优化教学策略，还能增强学生的体育学习体验和成果。

定性评价与定量评价相结合

他人评价与自我评价相结合

相对评价与绝对评价相结合

预测性评价与诊断性评价相结合

过程性评价与终结性评价相结合

图 4-4　高校体育教育教学评价的实施方法

（一）定性评价与定量评价相结合

在高校体育教育教学评价中，定性评价和定量评价的结合是实现全面评估的关键方法。这种综合评价方式能够确保评价结果既具有量化的准确性，也包含了评价对象的深层次特征和质的方面。

定量评价在体育教学中较为常见，它主要依赖具体的量化指标来评估学生的体育表现。这些指标包括运动成绩、身体测量数据（如速度、力量、耐力等）以及其他可以通过数值直接展示的成果。例如，在田径教学中，通过使用秒表测量 100 米跑的时间，教师可以得到学生速度的具体数值。定量评价的优点在于其客观性和易于比较的特性，能够清晰地区分和选拔不同水平的学生。

然而，定量评价并不能完全涵盖学生在体育活动中表现的所有方面，尤其是那些关于学生心理状态、动机、态度及社交能力的非量化因素。例如，仅凭跑步时间无法准确反映学生对体育活动的热情、团队协作能力或应对压力的能力。

定性评价弥补了这一点，它侧重于解析学生的内在心理状态和行为表现的质的方面。通过观察、访谈和其他非量化的方法，教师可以获取关于学生的学习动机、参与度、情感态度以及与同伴的互动等信息。在团队体育项目中，学生的领导能力、团队精神及竞赛态度等方面的评价，需要通过教师和同学的观察和感知进行。

定量评价和定性评价相结合能够提供一个更全面的学生表现画面。例如，在进行足球教学评价时，定量的得分和比赛统计数据提供了学生技能水平的直观证据；同时，定性的观察记录了学生在比赛中的合作态度、应变能力和比赛精神。只有将这两种评价方法相结合，教师才能全面理解学生的表现，据此调整教学策略，促进学生在技能、知识和情感等多方面的均衡发展。

总之，定性评价和定量评价在高校体育教育教学评价中相辅相成，它们共同构成了一个多维度的评价体系，能够为教学提供更深入的洞察，帮助教师制订更有效的教学计划和策略，同时激励学生在体育学习中追求全面的进步。这种综合评价策略确保了体育教育教学评价的实效性和教育目标的实现。

（二）他人评价与自我评价相结合

在高校体育教育教学评价中，合理地运用他人评价与自我评价的方法对提高教学质量具有重要意义。这两种评价方法各有其特点和应用场景，它们相辅相成，可以更全面地反映学生的体育学习效果和教学活动的实际影响。

他人评价是传统体育教育教学评价中常见的方法，通常由教师或教练通过观察学生的表现来进行。这种评价方式侧重于可直接观测的显性指标，如学生在体育课上的运动技能表现、参与活动的频率和热情等。例如，教师可以通过观察学生在足球游戏中的传球和射门技能评估其足球技能水平。他人评价的优势在于其相对客观和系统，能够从外部提供对学生体育能力和表现的直接反馈。

然而，他人评价也存在一定局限性，它往往侧重于表层的技能和行为表现，而难以深入学生的内在动机、情感态度和心理状态等隐性内容。这些隐性内容往往对学生的体育学习和长期发展同样重要，如学生对体育活动的热爱程度、参与体育活动的自我驱动力等。

与此相对的是自我评价，它允许学生自己对自己的学习过程和结果进行反思和评价。自我评价使学生能够内省自己在体育学习中的心理状态、学习动机和情感体验。这种评价方法尤其重要，因为它可以激发学生的自主学习能力和自我调节能力，帮助他们在体育活动中建立更为积极的参与态度。例如，学生可以通过记录和分析自己在篮球投篮训练中的进步，来调整训练方法或策略。

尽管自我评价提供了宝贵的内省视角，但它的主观性较强，可能受到个体情绪状态和自我认知能力的影响，导致评价结果出现波动。为了克服这一点，自我评价结合他人评价的客观观察结果，可以更全面地评估学生的体育学习情况。

因此，将他人评价与自我评价结合使用，是体育教育教学评价中的一个高效策略。这种结合不仅能够利用他人评价的客观性来平衡自我评价的主观性，还能通过自我评价的深入洞察补充他人评价可能忽略的内在因素。在双方评价的基础上进行充分的交流和反馈，能够促进评价的准确性和教学质量的持续提高，从而更好地促进学生在体育领域的全面发展。

（三）相对评价与绝对评价相结合

在高校体育教育教学评价中，运用相对评价与绝对评价的方法可以有效地衡量和比较学生的体育表现，帮助教师和教育管理者更全面地了解学生的能力和进步。这两种评价方法各有其特点和适用场景，对于指导体育教学和学生训练具有重要意义。

相对评价法在体育教学中常用于评估学生在特定群体内的表现和相对位置。这种方法通过将学生的表现与同组内其他学生的表现进行比较，从而确定每个学生在群体中的排名和水平。例如，在田径运动中，教师可以选择跳远成绩最好的学生作为基准，然后分析其他学生与这名学生在跳远技能上的差距。这种评价有助于突出学生在特定技能或体育项目上的相对优势和需要改进的地方。然而，相对评价也有其局限性，即一个学生在某个群体中表现优异，并不意味着在所有体育项目中都具备同样的能力水平。例如，一个在短跑项目中表现突出的学生，在耐力要求更高的马拉松项目中可能就不具备同样的竞争力。

绝对评价法则通过设定一套固定的标准或标准值，评价每个学生的表现是否达到这些预设的标准。这种评价方法在体育教育中较为常见，尤其适用于体质测试和达标测试，如使用国家体育总局制定的学生体质健康标准进行评估。绝对评价提供了一个客观的衡量标准，使学生的体育表现可以与这些标准进行直接比较，从而准确地判断学生在各项体育能力上的具体水平。例如，学生的百米跑成绩可以与国家标准进行比较，直观地显示出学生的速度是否达到健康体质的要求。这种方法的优势在于其客观性和普适性，能够为教育决策提供坚实的数据支持。

综合使用相对评价和绝对评价可以更全面地评估学生的体育能力，并为教学提供多维度的反馈。相对评价帮助教师了解学生在同龄群体中的竞争力，而绝对评价则检验学生是否达到了教育部门设定的体育标准。两者的结合可以促进学生体育技能的全面发展，也为教师提供了调整教学策略和提高教学质量的依据。这种综合评价策略确保了体育教育的高效性和科学性，有助于学生在体育学习过程中实现自我超越和全面发展。

（四）预测性评价与诊断性评价相结合

预测性评价具有前瞻性的特点，它试图在客观事实发生之前，基于已有的数据、经验或趋势进行评价和预测。这种评价方法在体育教学中尤为重要，因为它可以帮助教师预见可能出现的问题或挑战，并提前制定解决策略。预测性评价通常在课程计划阶段或学期初进行，目的是根据学生的先前表现和成长趋势，预测他们在即将到来的学习周期中可能的发展轨迹。例如，如果预测性评价显示一个学生在长跑能力上有显著的潜力，教师可以提前为这个学生制订更为个性化的训练计划，以优化其潜力的开发。同时，如果预测到一部分学生可能在某个体育项目上遇到困难，教师可以预先调整教学方法或增加相关的支持措施，以防止学生的挫败感和潜在的退缩。

诊断性评价是在体育教学过程中进行的，旨在基于已发生的客观事实分析和判断学生的当前学习状况和问题。这种评价通常在教学活动的某个阶段后进行，如一次具体的体育活动或一个训练周期结束后。通过诊断性评价，教师能够获得关于学生体育技能、知识掌握、体能水平以及心理态度的详细信息。这些信息有助于识别学生在体育学习过程中可能遇到的具体问题，如技能掌握不足、体能发展不平衡或动机缺乏等。例如，通过对学生篮球投篮技术的诊断性评价，教师可以发现学生在动作执行中的错误，如手腕使用不当或站姿不稳。这种即时的反馈为教师提供了有针对性地指导学生的依据，教师可以立即调整教学策略，设计适合学生的练习，以便纠正这些技术缺陷。

通过结合预测性评价与诊断性评价，高校体育教育教学可以更为有效地支持学生的成长和发展。预测性评价使通过前瞻性策略优化教育成果成为可能，而诊断性评价提供了对学生当前状态的深入理解。两者的结合，使体育教学不仅能够解决已知问题，也能够主动应对未来挑战，促进学生在体育领域的全面发展。

（五）过程性评价与终结性评价相结合

在高校体育教育教学评价中，将过程性评价与终结性评价相结合是一种高效的评价策略，能够确保教学活动的连续性监控与终点效果的全面评估。这两种评价方法各具特点，相互补充，共同构成了一个全面的教学评价体系。

过程性评价是在体育教学活动进行过程中实施的，目的是对教学和学习过程进行持续的观察、分析和反馈。通过过程性评价，教师能够及时发现教学中的积极因素和存在的问题。例如，教师可以观察学生在篮球课程中的投篮技巧和团队协作能力的进步，及时给予正面的强化，或者发现技术动作中的错误并立即进行纠正。这种评价方式不仅帮助学生了解自己在体育技能上的实际表现，而且使他们能够与既定的学习目标进行比较，及时调整学习策略和行为，以便更有效地实现教学目标。

此外，过程性评价的频繁反馈对于激发学生的学习动机和持续参与同样至关重要。通过对学生表现的即时反馈，教师可以帮助学生维持对体育活动的热情和兴趣，也能够根据学生的反馈调整教学方法和难度，确保教学活动既具有挑战性又能够适应学生的实际能力。

终结性评价则是在教学活动的一个明确阶段或课程结束时进行的，它提供了对教学成果的总体评估。这种评价通常包括对学生体育技能、体能水平、知识掌握和心理态度等方面的综合评定。例如，学期末通过体育测试和技能展示来评价学生在足球、游泳或田径等项目上的总体表现。终结性评价的结果不仅反映了学生实现教学目标的程度，也为教师提供了反思和改进教学策略的机会。

通过结合过程性评价和终结性评价，体育教育可以实现从活动的日常实施到教学目标最终达成的全面监控和评估。这种双重评价策略确保了教育活动的质量，促进了学生技能的持续发展，并为未来的教学提供了宝贵的数据和经验支持。通过这种方式，体育教育不仅能够更好地满足学生的学习需求，也能够有效地提高教学的整体质量和效果。

第五章　体能训练设计与计划

第一节　体能训练设计的理论基础

体能训练能够显著提高运动员的力量、速度、耐力、灵活性和协调性，这些身体素质是提高运动表现、达到更高竞技水平的基础，特别是在对抗性和高强度的运动中，良好的体能还能增强肌肉和骨骼的强度以及提高关节的灵活性和稳定性，减少运动中的受伤风险，保护运动员免受严重伤害。此外，适当的、系统的体能训练和体能管理，可以帮助运动员保持较高的竞技状态，延缓运动生涯中的身体素质下滑。体能训练还能增强运动员的自信心和心理韧性，帮助他们在比赛中保持冷静和集中注意力，在面对高强度竞争和压力时能更快速地调整心态，应对挑战。

而想要体能训练达到预期的效果，就需要对体能训练进行科学、系统的规划和设计。体能训练设计是一个复杂而精细的过程，涉及人体运动学、生物学、心理学以及教育学等多个学科领域，如图5-1所示。这些学科为有效提升运动员体能、调整心理状态提供了理论基础。因此，在实施体能训练前，先了解这些理论基础，对于制订符合运动员个体特点和需求的训练计划至关重要。

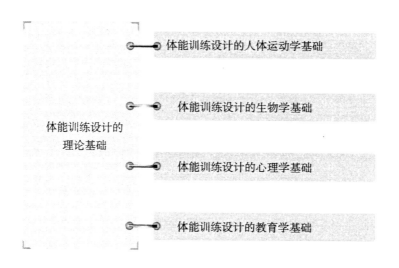

图 5-1　体能训练设计的理论基础

一、体能训练设计的人体运动学基础

体能训练设计的人体运动学基础包含以下几个方面内容。

（一）肌肉

肌肉是人体运动系统的核心，它不仅支撑身体的结构，还驱动各种物理动作和行为。肌纤维是肌肉的基本组成单位，多个肌纤维组成肌束，而多个肌束聚合形成完整的肌肉。肌纤维通过收缩和放松，驱动关节移动，从而产生身体动作。

人体主要有三种类型的肌肉：骨骼肌、平滑肌和心肌。骨骼肌是体能训练中最为关注的肌肉类型，因为它们直接关联到运动的执行和运动表现。骨骼肌主要附着在骨骼上，通过神经系统的控制进行有意识的收缩。人体有 600 多块骨骼肌，根据它们的形状和功能，可以进一步分为长肌、短肌、扁肌和轮匝肌。

骨骼肌的状态和能力是体能表现的关键因素。肌肉的力量、耐力和协调性是运动表现的基础，而肌肉的灵活性和弹性则影响运动的效率和防伤能力。在体能训练中，有针对性地增强这些肌肉属性是非常重要的。例如，通过重量训练可以增强肌肉力量和体积，通过有氧训练可以提高肌肉的耐力和效率，而通过伸展和灵活性训练可以提高肌肉的活动范围和预防伤害。

因此，对运动系统尤其是肌肉的深入了解和科学训练，对于提升运动员的运动能力和竞技表现至关重要。训练计划应综合考虑肌肉力量、耐力、协调性和灵活性的提升，以确保运动员在各种运动场合都能保持最佳状态，同时减少受伤风险。通过科学的训练方法和适当的营养支持，运动员可以充分挖掘其运动系统的潜力，达到优异的运动表现。

（二）骨骼系统

骨骼系统为人体提供了必要的结构支持，构成了整个身体的框架。这个框架不仅维持人体的形态稳定性，还支撑起所有重要的内脏器官。骨骼通过构成坚固的"外壳"或"围栏"，保护内部脆弱的器官免受外界撞击或压力的伤害。例如，颅骨保护大脑免受伤害，胸廓保护心脏和肺等胸腔内器官，而骨盆则保护膀胱及生殖器官。通过维持这些器官的恰当位置和稳定性，骨骼系统也确保了血管和神经等生命系统能够有效地执行其循环和神经传导职能。骨骼内的红骨髓是人体的主要造血器官，负责生成红细胞、白细胞和血小板。这些血细胞对于运送氧气、抵抗感染和血液凝固至关重要，从而支撑人体的生命活动。骨骼中储存了大量的钙和磷，这些矿物质对于维持骨骼硬度和其他体内功能（如神经传导、肌肉收缩）非常重要。骨骼不仅是这些矿物质的储存库，还通过调节释放到血液中的量来维持体内矿物质水平的稳定。

此外，骨骼作为杠杆，参与几乎所有的身体运动。肌肉通过肌腱附着在骨骼上，当肌肉收缩时，骨骼作为支点转动或移动，从而产生运动。这种结构使人体能够进行行走、跳跃、抓握等复杂的动作和精细的协调活动。通过这些功能，骨骼系统在体能训练中发挥着无可替代的作用。优化骨骼健康不仅能提高运动表现，还能预防运动伤害，为运动员提供稳定的运动基础。因此，通过适当的营养、训练和保护措施维护骨骼健康，是体能训练中不容忽视的重要方面。

（三）关节

关节结构的核心功能在于提供连接，允许骨骼之间的相对运动。这种运动是通过骨骼肌的收缩和放松实现的，肌肉的动作通过肌腱传递到骨骼，从而绕关节的轴进行运动。这一机制使身体不仅可以执行简单动作（如走路和跳跃），也可以支持复杂动作（如舞蹈和体操的表演）。

对于运动员而言，关节的健康和功能对于达到最佳运动表现至关重要。体能训练中涉及的多种运动形式都要求关节具有良好的活动能力和灵活性。定期的体能训练可以显著扩大关节的活动范围，增强关节囊和韧带的伸展性，从而增加关节的灵活性。这不仅有助于提高运动技能和执行力，还能减少运动伤害的风险。

经常性的体能训练通过加强关节周围的肌肉，提高关节囊的弹性，不仅能够提升关节本身的稳定性，还有助于提高身体的总体机械效率。强化这些支持结构可以帮助减轻关节负担，分散冲击力，从而预防关节炎等退行性关节病的发生。此外，适当的训练可以改善关节润滑，促进关节液的产生，这对于保持关节健康和功能至关重要。

因此，关节作为人体运动系统的一个基本组成部分，对于运动性能的优化和身体健康的维持起着关键作用。有效的体能训练不仅可以提高关节功能，增强其灵活性和稳定性，还有助于预防运动相关伤害和关节疾病的发生，对促进运动员整体健康发展和运动水平的提高具有重要意义。因此，加强对关节功能的理解和适当的体能训练对于任何运动员来说都是不可或缺的。

二、体能训练设计的生物学基础

体能训练设计的生物学基础主要包括两个核心方面：物质代谢和能量供应。

（一）物质代谢

物质代谢包含水代谢、糖代谢、脂肪代谢、蛋白质代谢、维生素代谢、无机盐代谢等六个关键过程，如图 5-2 所示，这些代谢在运动过程中扮演着至关重要的角色。

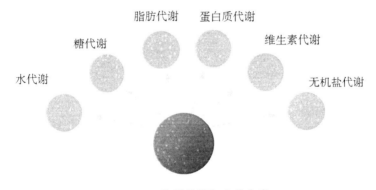

图 5-2　物质代谢包含的内容

1. 水代谢

水是人体中含量最丰富的物质，占人体体重的大部分。它不仅是关键的营养素，也是维持生理功能和体内平衡的核心。在体能训练和日常生活中，合理的水平衡对于维持身体健康和性能至关重要。

人体的水分主要来源于饮食摄入的水分，同时，体内的新陈代谢过程也会产生少量水分，这些过程包括营养物质的分解和能量的转换。人体排出水分的途径多样，主要通过尿液排出，此外还包括出汗、粪便和呼出的水蒸气。特别是在体能训练中，随着身体活动量的增加和能量的消耗，体温上升，通过出汗调节体温成为一个重要的生理反应。

对于运动员而言，了解和管理好水代谢是优化表现和防止脱水的关键。在激烈的体育活动中，及时补充水分，保持适当的水合状态，可以帮助运动员维持体温、减少疲劳并提高表现。因此，深入理解水代谢的机制及其在体能训练中的作用，对于设计有效的训练和恢复策略具有极其重要的意义。

2. 糖代谢

人体获取糖的主要途径是食物摄入。糖类在消化过程中被分解成葡萄糖，这是人体细胞主要的能量来源。葡萄糖进入血液后，可以直接供能或转化存储为肌糖原和肝糖原。肌糖原主要储存在肌肉中，供运动时使用；肝糖原则存储在肝脏中，调节血糖水平。此外，果糖的吸收和利用过程涉及更多的代谢步骤，这在某些情况下可能影响能量的快速释放。

在体能训练中，糖代谢通过以下几种关键路径进行：有氧氧化、糖酵解及糖异生。有氧氧化是在氧气充足的情况下进行的，能高效产生大量能量，适用于持续时间长的低至中等强度运动。糖酵解则是在无氧条件下进行，迅速产生能量但产能效率较低，适合短时高强度活动。糖异生是在糖类供应不足时，肝脏从非碳水化合物源（如蛋白质和脂肪）产生葡萄糖的过程，保证血糖稳定。[①]

在运动过程中，尤其是在长时间和高强度的体能训练中，糖的需求量显著增加。及时补充糖分可以帮助维持血糖水平，延迟疲劳的出现，优化表现。例如，运动前30分钟到两小时摄入适量的碳水化合物可以增加肌糖原存储，延长耐力和维持高强度训练的能力。训练中定期摄入低浓度含糖饮料有助于维持能量供应，防止血糖过低。

糖代谢还与体内多种激素水平变化相关，如生长激素、甲状腺激素和儿茶酚胺等。这些激素能够促进糖酵解和有氧代谢过程，增加能量产出。在运动后，这些激素的水平变化还支持了超量恢复，帮助体内迅速

---

① 冯炜权. 运动训练生物化学 [M]. 北京：北京体育大学出版社，1998：7.

补充消耗的肌糖原和修复组织。

因此，对运动员而言，精确的糖代谢管理是提高训练效率和竞技表现的关键。合理的饮食策略、训练前的碳水化合物加载以及训练中的及时补充，都是提高糖代谢效率、优化训练结果的重要措施。教练和运动员应密切监控这些因素，以确保能量供应充足，支持运动员的训练和恢复过程。

3.脂肪代谢

脂肪作为人体中含能量最多的物质之一，在日常生活和体能训练中扮演着至关重要的角色。脂肪不仅是能量的重要来源，也是细胞结构的基本组成部分，如磷脂和胆固醇是构成细胞膜的关键成分，也对体温的维持和器官保护有显著作用。

脂肪的吸收和利用过程涉及复杂的生物化学反应。人体主要通过两种途径获取脂肪：一是直接从食物中摄入脂肪；二是体内其他营养素，如糖和蛋白质发生转化，产生脂肪。其中，摄入的脂肪通过小肠上皮细胞的直接吞饮以及进一步的分解和再合成过程被吸收，形成乳糜微粒和大分子脂肪酸，这些被运输到淋巴系统，是脂肪吸收的主要途径。此外，甘油和小分子脂肪酸溶于水后也会通过血液被吸收。吸收后的脂肪多存储于皮下、大网膜或肌肉细胞中，部分转化为磷脂、糖脂、脂蛋白等形式。

在体能训练中，脂肪的供能机制具有其特定的动态变化。脂肪的供能通常在长时间、中低强度的运动中更为显著，因为这种类型的运动允许体内有足够的氧气参与脂肪的氧化分解过程。随着训练时间的延长，脂肪燃烧的比例逐渐增加，体内对脂肪酸的氧化利用能力也相应提高。这种长期的脂肪供能不仅可以维持持续的运动表现，还有助于提高运动员的耐力和总体能量效率。[1]

---

① 武桂新，严翊.简明运动生物化学 [M].重庆：重庆大学出版社，2017：73.

因此，了解脂肪的生理作用和代谢过程对于设计有效的体能训练计划至关重要。训练计划应考虑到脂肪作为能量来源的特性，通过适当调节训练强度和持续时间，优化脂肪的供能比例，从而帮助运动员在提高耐力和维持体能方面取得更好的效果。此外，合理的营养支持，特别是在脂肪的摄入量和时机安排上，也是保证训练效果和运动员健康的关键因素。

4.蛋白质代谢

蛋白质在人体中的作用是多方面的，尤其在支持生命的多个基本功能方面发挥着核心角色。人体的肌肉组织、心脏、肝脏、肾脏以及骨骼和牙齿都富含蛋白质。在细胞内，蛋白质占据了大约80%的非水分物质，显示出其对于维持生理和结构完整性的重要性。

蛋白质通过食物摄入获得。其基本单位是氨基酸，这些氨基酸在消化道中被分解，然后被小肠吸收，并通过血液运输到全身各处，用于合成新的蛋白质。这些新合成的蛋白质负责修复和生成新的细胞，是维持生命活动的基础。蛋白质不仅是结构组成元素，还是酶和激素的主要成分，这些生物活性物质对调节生理过程，如新陈代谢、生长发育以及病理状态具有至关重要的作用。

蛋白质还参与体能维持与调节。在体能训练中，蛋白质的作用表现在其帮助修复训练中损伤的肌肉纤维，支持肌肉增长和强度的增加。此外，蛋白质在能量供应中虽不如碳水化合物和脂肪直接，但在长时间和高强度的运动后，当身体的主要能源耗尽时，蛋白质可以被用作次要的能量来源。

氨基酸的代谢产物，包括氨、二氧化碳和水，是体能活动中重要的代谢间接产物。这些物质的处理和排出对于维持体内环境的稳定至关重要。运动时，通过增强的代谢活动，蛋白质的分解和再合成速率加快，因此蛋白质的营养支持在运动员的饮食中占据重要位置。

5.维生素代谢

维生素在体能训练和整体健康中扮演着关键角色，尽管它们本身不直接提供能量，但对于促进身体的各种生化过程和维持正常的生理功能是至关重要的。维生素须通过饮食摄入，因为人体无法自行合成大多数类型的维生素。

每种维生素都具有独特的化学结构和生理功能，它们对保持机体正常运转至关重要。维生素的主要功能是作为辅酶或辅酶前体参与多种酶的催化反应，这些反应对能量的释放和代谢调节至关重要。例如，B族维生素在碳水化合物、脂肪和蛋白质的代谢过程中发挥作用，帮助转化食物为能量；维生素C和维生素E则作为抗氧化剂，保护细胞不受自由基损伤，这对恢复和保持健康尤为重要。

在体能训练的设计中，合理的维生素摄入对运动员来说尤其重要，因为高强度训练会增加某些维生素的需求量，也会加速维生素的消耗。缺乏任何一种关键维生素都可能导致代谢效率下降，影响运动表现，并可能导致长期的健康问题。例如，缺乏维生素D可能影响骨骼健康和肌肉功能，而维生素C的不足可能影响组织修复和免疫功能。

因此，确保运动员饮食中包含足够的维生素是体能训练设计的一个重要方面。这不仅涉及选择富含各种维生素的食物，还需要在某些情况下通过补充剂进行补充，尤其是在训练和比赛期间。然而，维生素的补充需要适度，因为摄入过量也会带来不利影响，如过量的脂溶性维生素会导致毒性效应。维生素对于体能训练的支持和整体健康维护具有不可替代的作用，适量而全面的维生素补充应成为体能训练计划中的一个关键组成部分。

6.无机盐代谢

无机盐在维持人体正常生理功能和支持体能训练中扮演着关键角色。在日常饮食中，无机盐的摄入是非常普遍的，而体内的存储和利用方式也特别关键。

无机盐主要以磷酸盐的形式存储在骨骼中，这不仅为骨骼提供了必要的硬度和稳定性，还作为矿物质的储备库，以备体内需要时使用。此外，钙、镁等无机盐则以离子的形式存在于体液中，参与调节体内的渗透压和维持酸碱平衡，这些离子在神经传递、肌肉收缩和许多酶的活性调节中起着关键作用。[1]

在体液中，无机盐通过解离成阳离子和阴离子，发挥各自的生理功能。例如，钠和钾离子在维持细胞内外电解质平衡中极为重要，这对于神经冲动的传导和肌肉的正常功能至关重要。钙离子则是肌肉收缩和神经传递的关键因子，也是血液凝固和许多酶促反应的必需元素。

对于运动员来说，无机盐的代谢管理是提高训练效果和比赛表现的一个重要方面。合理的无机盐补充可以帮助运动员优化体内电解质平衡，增强耐力和力量，同时减少疲劳和肌肉抽筋的风险。在高强度或长时间的训练及比赛中，运动员会通过汗水大量丢失电解质，特别是钠和钾，这时及时补充无机盐就变得尤为重要。

因此，了解无机盐的基本代谢原理以及它们在体内的作用机制，可以使运动员通过科学的饮食管理和适当的补充策略，有效地支持其训练需求和运动表现。合理调配无机盐的摄入，对于保持运动员的最佳体能状态和健康至关重要。

（二）能量供应

能量供应包含磷酸原系统（ATP-CP 系统）能量供应、糖酵解系统能量供应以及有氧氧化系统能量供应，如图 5-3 所示。

---

[1] 翁锡全. 运动训练生物化学 [M]. 广州：广东高等教育出版社，2016：9.

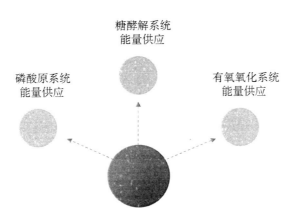

图 5-3　能量供应的来源与组成

1. 磷酸原系统能量供应

磷酸原系统是人体中的一种快速供能机制，关键作用在于为短时、高强度的运动提供即刻能量。在这一系统中，体内的三磷酸腺苷（ATP）在分解时释放能量，而磷酸肌酸（CP）则迅速分解，通过一种不需要氧气参与的过程补充 ATP 的库存，从而支持短暂的高强度活动。这个过程被称为非乳酸能系统，因为它不依赖氧气也不产生乳酸。

磷酸原系统的特点是反应速度快、能量释放强度高，但可维持的时间非常有限。生理学研究显示，该系统能够在极短的时间（大约 8 秒）内提供最大功率的能量输出，非常适合需要爆发力的短暂运动，如短跑、举重或跳远。由于磷酸肌酸的储量有限，一旦消耗殆尽，肌肉就需要依靠其他能量系统继续提供能量。

与糖酵解系统相比，磷酸原系统的显著区别在于它的能量转换速度更快，且不产生乳酸，因此不会引起肌肉的酸痛或疲劳感。然而，磷酸原系统的能量供应总量较小，不能支持长时间的运动。

了解磷酸原系统的工作原理对运动员而言尤为重要，因为合理的训练和恢复策略可以优化磷酸肌酸的存储和利用，从而在竞技和训练中实现最佳的性能表现。此外，针对性的训练，如高强度间歇训练（HIIT），可以增加肌肉中的 CP 存量，进一步提升运动员在短时高强度运动中的表现。

2. 糖酵解系统能量供应

当体能活动的持续时间超过磷酸原系统能够支持的 8 秒，并且需要较大强度的持续能量输出时，糖酵解系统便成为主要的能量供应系统。糖酵解系统通过分解肌糖原产生 ATP 和乳酸，从而为肌肉活动提供所需的能量。

在糖酵解过程中，如果有足够的氧气供应，产生的乳酸可以在线粒体中进一步氧化生成更多的 ATP，同时部分乳酸也可以被转运回肝脏并转化为肝糖原。这种有氧条件下的糖酵解可以持续较长时间供能，因为它能有效地利用产生的乳酸，减少其在肌肉中的积累，从而延缓疲劳的发生。

然而，在高强度或急速的运动中，氧气的供应往往跟不上肌肉对能量的需求速度，此时糖酵解主要以无氧形式进行，快速产生 ATP，但同时产生大量乳酸。乳酸作为一种强酸，在体内的积累会导致肌肉 pH 下降，从而影响酶的活性和肌肉的收缩功能，最终引发疲劳感。无氧糖酵解虽然能在短时间内提供大量能量，但其维持时间有限，通常只能支持几十秒到几分钟的高强度活动。

糖酵解系统的能量供应能力和速度在无氧条件下虽然显著，但由于其产生的副产品（乳酸）可能导致肌肉功能下降，因此在体能训练设计时，训练师需要综合考虑运动强度、持续时间及恢复策略。合理安排训练中的强度与休息，可以使糖酵解系统的能量输出最大化，同时控制乳酸的不利影响，促进运动员的表现和恢复。理解这一系统的工作机制和它在运动中的实际应用对于优化训练效果和提高运动表现具有重要意义。

3. 有氧氧化系统能量供应

在氧气供应充足的情况下，人体的有氧氧化系统成为主要的能量供应方式，即通过糖类和脂肪的有氧代谢过程持续产生 ATP。这种能量供应方式以其高效、持久的特点，特别适用于长时间和高耐力的体能活动，如长跑、自行车骑行或游泳等。

有氧氧化系统的核心在于其能够在氧气参与下使能量输出最大化，从而支持长期的身体活动。在这个过程中，碳水化合物首先被分解为葡萄糖，然后通过糖酵解过程进一步分解产生丙酮酸，最终在线粒体中完全氧化生成大量的 ATP。脂肪也通过 β-氧化过程在线粒体中被分解，释放出大量能量。此外，少量的氨基酸也可以在需要时转化为能量来源。

由于有氧氧化系统能提供大量的 ATP，它特别适合于耐力型运动。这种运动要求心肺功能和代谢能力协同作用，以维持长时间的能量供应。心肺功能的效率直接影响到氧气的吸收和利用，而良好的代谢能力则保证了能量的持续产生和有效利用。

对于运动员来说，了解并充分利用有氧氧化系统的特点是提高耐力和持续表现能力的关键。有效的训练计划应包括有氧运动，以增强心肺功能和提升肌肉的氧化能力。同时，适当的营养支持，尤其是碳水化合物和脂肪的摄入，对于优化有氧氧化过程同样至关重要。

因此，运动员在参与长时间、耐力要求高的运动训练时，应重视有氧氧化系统的培养和优化。科学的训练和适当的恢复策略，可以改善有氧氧化系统的能力，从而提高整体的运动表现和耐力水平。

三、体能训练设计的心理学基础

（一）认知理论

认知涉及个体获取和应用知识的能力，受到年龄、环境、教育水平和个体心理状态的影响。认知能力，如注意力、思维力、想象力、记忆力和反应速度等，在体能训练和运动执行中极为关键。认知理论的应用为体能训练提供了一个全面的理解框架，强调了心理和认知因素在运动训练中的重要性，从而优化训练设计和训练成果，提升整体表现。

例如，在体能训练中，利用认知理论可以帮助教练和运动员更有效地学习和执行运动技巧。认知能力的提升可以增强运动员对技术细节的理解和记忆，从而提高运动表现。例如，良好的注意力可以帮助运动员集中精力在关键动作上，而优秀的思维力和想象力可以使运动员在实际执行前，通过心理模拟优化技术动作。

教师在制订训练计划时应考虑到运动员的认知特点和能力，采取适应个体认知水平的教学方法，包括简化复杂动作的学习过程，使用可视化和多感官的教学工具以及提供即时的反馈来加强记忆和理解。此外，模拟训练和重复练习可以增强运动员的记忆力和反应力，这对于运动技能的自动化和优化至关重要。

教师在制订体能计划的过程中也应该认识到，认知发展是一个动态过程，需要不断练习和适当挑战来维持和提升。因此，体能训练不仅仅是身体能力的培养，更是认知能力的锻炼。教师通过有效地结合认知理论，可以使体能训练更加科学，更好地帮助运动员达到最佳的训练效果和运动表现。

（二）动机理论

动机是推动个体从事某种活动的动力因素，它不仅触发并引导个体向着特定目标努力，还能显著影响个体的行为表现。强化或抑制某些因素可以加强或者减弱动机。动机按因素来源可以分为内部动机和外部动机。内部动机，如自我满足、好胜心或好奇心，源自个体内部的需求和欲望，是个体自发性参与体能活动的主要驱动力。相比之下，外部动机，如奖励、认同感、负面评价等是来自外部环境的刺激和反馈。此外，动机还可依据所满足的需求分为生物性和社会性动机，其中生物性动机关联个体的生理需求，而社会性动机涉及社会化需求，如获得社会地位或群体归属感。

在体能训练的实践中，了解和应用动机理论至关重要。教师或教练要深入分析运动员参与体能训练的动机，并据此采取适当的策略来增强好的动机，减弱或者合理利用负面动机。例如，设置具体目标、提供正向反馈或构建竞争和合作的训练环境，可以有效激发运动员的内部和外部动机。此外，持续激发运动员的内部动机，如通过提升训练的趣味性或与个人目标的相关性，对于维持长期的训练参与度和提高运动表现尤为关键。

动机理论不仅可以帮助教师或教练理解运动员持续参与体能训练的心理机制，还为制订有效的训练计划提供了理论依据，确保训练活动能够满足运动员的多层次需求，从而增强他们的训练效果和运动表现。科学地运用动机理论，可以创造一个积极的训练环境，促进运动员的全面发展和运动技能的提升。

四、体能训练设计的教育学基础

（一）多元智能理论

多元智能理论由美国哈佛大学心理学教授加德纳（Howard Gardner）于1983年提出，这一理论革新了对智能的传统理解。[1] 加德纳认为，智能不是单一的量度，而是多元化的，包括语言智能、逻辑数学智能、空间智能、身体运动智能、音乐智能、人际智能和自我认知智能等。这种观点挑战了以往主要评价语言和逻辑数学能力的智能观，强调了智能的多样性和广泛性。

多元智能理论在教育领域产生了深远的影响，促进了教育教学方法的多样化和个性化。它强调教育活动应尊重学生的个性差异，通过多样化的教学策略满足不同学生的需要，这不仅有助于学生在自己擅长的智

---

① 加德纳.智能的结构：经典版[M].沈致隆，译.杭州：浙江人民出版社，2013：13.

能领域中取得成就，也激励他们在其他领域探索潜能。

在体能训练设计中，多元智能理论提供了一个宝贵的视角。特别是身体运动智能的概念，它强调通过身体动作和运动来学习和解决问题的能力。体能训练不仅是对身体的锻炼，也是智能发展的一部分。应用多元智能理论于体能训练，教师或教练可以开发具体针对不同智能类型的训练方法，如通过音乐和节奏来增强运动节奏感，或通过团队运动提高学生的人际智能。

此外，运用多元智能理论设计体能训练可以帮助教师或教练更全面地评估运动员的能力，不仅关注技术和体能，也考虑运动员的心理和情感发展。这种全面的训练方法能够促进运动员在多方面能力上的均衡发展，从而提高他们的整体运动表现。

因此，多元智能理论是体能训练设计的重要教育学基础之一，它促进了对运动员多方面能力的理解和培养，为制订更有效、更个性化的训练计划提供了理论支持。

（二）建构主义学习理论

建构主义学习理论的核心观点是学习者在学习过程中不是空白的容器等待被填充，而是通过自己的经验和现有知识来积极建构新知识。这一过程涉及解释新信息，并将其与已有的认知结构相整合。学习者如何理解和处理信息，取决于他们之前的知识、信念和经验等。

根据建构主义学习理论，有效的学习环境应该是富有挑战性的，能激发学习者的好奇心和探索欲，鼓励他们提出问题、探索解决方案并与同伴进行互动。教师或教练的角色转变为指导者和协作者，而不仅仅是信息的传递者。他们的任务是设计富有启发性的学习活动，提供必要的支持，帮助学习者建立连接、反思和重新评估他们的思考。

在体能训练的背景下，建构主义理论可以指导教师或教练设计更加具有互动性和参与性的训练活动。例如，教师或教练可以设计情景模拟练习，让运动员在模拟的比赛环境中应用技术，从而更好地理解技术的实战应用。此外，教师或教练可以鼓励运动员在训练后进行小组讨论，分享他们的体验、遇到的挑战和解决策略，以促进深入理解和技能的内化。

通过这种方式，运动员不仅能学习特定的运动技能，而且能通过反思和调整自己的行为提高解决问题的能力和批判性思维。这种学习方式强调过程而非结果，帮助运动员建立自信和提高自我调节的能力，这对于他们的长期发展和运动表现至关重要。

第二节　体能训练计划的类型

体能训练是一个系统的过程，为了更加有针对性地实现具体的运动目标，运动员需要制订不同的体能训练计划。体能训练计划按照不同的划分标准，可以细分为多种类型，每种类型都针对不同的时间框架和训练需求设计，从而保障训练的针对性。

一、按照时间周期进行分类

体能训练计划按照时间周期的长短，可以分为长期、年度、月度、周度、日度等，如图 5-4 所示，以满足不同时间跨度所需的不同的训练需求。

长期体能训练计划

年度体能训练计划

月度体能训练计划

周度体能训练计划

日度体能训练计划

图 5-4　按照时间周期进行分类的体能训练计划

（一）长期体能训练计划

长期体能训练计划，或称为全程体能训练计划，是对运动员多年训练活动的全面设计和安排。这种计划关注长远的体能目标，通常涉及运动生涯的多个阶段，包括运动员的成长期、成熟期及高峰期。长期计划应基于整体目标和未来的期望成就，确保训练活动与运动员的职业发展同步。

（二）年度体能训练计划

年度体能训练计划作为长期计划的细化，以一年为周期，具体描述在这一时间框架内的训练目标和方法。这包括周期性的训练阶段划分，如准备期、比赛期和恢复期，每个阶段都有其特定的训练强度和焦点。年度计划不仅是学年训练的框架，也是实现长期体能目标的关键步骤。

（三）月度体能训练计划

月度体能训练计划进一步细化了年度计划，针对具体月份制定训练目标和内容。这种计划通常围绕特定的体能素质，如耐力、力量、速度或柔韧性的提升。计划中将明确这些素质在月末应达到的具体水平，确保每月的训练都是有目的和可测量的。

（四）周度体能训练计划

周度体能训练计划是更为具体的短期训练安排，涵盖一周内每天的训练活动。此计划侧重于训练内容多样化且系统化，每种训练类型都能均衡地得到重视，以促进各项体能素质均衡发展。周计划的灵活性也允许根据运动员的即时表现和恢复状态进行必要的调整。

（五）日度体能训练计划

日度体能训练计划是体能训练计划中最具体的层级，它详细规定了单日的训练目标、方法、负荷及休息时间。日计划的设计考虑到运动员的年龄、性别和身体状况，以确保训练的个性化和适应性。每日的训练安排是实现更高层级训练目标的基础和前提，因此需要精心设计以使每次训练的效益最大化。

这些层级分明的体能训练计划，可以根据训练周期的长短，系统地提升运动员的体能表现，同时确保训练的连续性和科学性。

二、按照比赛阶段进行分类

体能训练计划按照比赛阶段进行分类，可以分为准备期、比赛期以及恢复期。

（一）准备期体能训练计划

准备期的体能训练内容从一般性训练逐渐过渡到有针对性的专项训练。这个阶段的目标是系统地奠定运动员的体能基础，确保他们在接下来的比赛期能够承受更高的训练强度和比赛负荷。准备期的体能训练计划以增加体能容量为主，通常采用大负荷量和低至中等强度的训练方法，如间歇训练和持续训练。间歇训练有助于提升心肺功能和肌肉耐力，而持续训练则强调在长时间内保持一定的活动强度，从而增强整体耐力和基础体力。此外，准备期的体能训练计划还包括一系列的通用训练活动，如力量训练、柔韧性训练和基础速度训练，这些都是为了全面提升运动员的运动表现。

（二）比赛期体能训练计划

比赛期的体能训练聚焦于专项运动素质的最终提升，确保运动员在比赛中能够发挥出最佳状态。这一阶段的训练计划需要精确控制负荷节奏和恢复周期，以促进运动员实现超量恢复，即通过适当的训练压力引起身体适应性提升。此时，训练内容更加专注于模拟比赛的场景和要求，以锻炼运动员的竞技实际操作能力和技术战术执行力。动机激励法在这一阶段同样重要，增加训练的趣味性或竞争性，能帮助运动员保持高涨的斗志和最佳的心理状态，为达到竞技高峰做好准备。

（三）恢复期体能训练计划

恢复期的体能训练旨在帮助运动员从紧张的比赛期恢复到正常的训练状态。这一阶段的训练负荷明显降低，主要采用低强度的训练方法，如恢复性训练和游戏练习。恢复期体能训练计划通常包括轻松的有氧运动、拉伸和柔和的力量练习，这些活动有助于促进血液循环，加速代谢废物的清除，从而加快身体恢复。游戏练习法则通过引入趣味性较强的活动来减轻运动员的心理压力，帮助他们在放松的环境中恢复体力和精神。此外，合适的营养补给和充分的睡眠也是恢复期不可或缺的，这有助于加速身体的自然恢复过程。

体能训练计划还可以根据其他标准划分为不同的类型，具有多样性，不管何种类型，只要目标明确、设计合理、实施有效，就能达到预期的训练效果。

第三节　体能训练计划的制订

一、体能训练计划制订的原则

为了保证体能训练计划的有效性和科学性，计划制订必须秉承以下原则。

（一）个性化原则

体能训练计划的制订和设计要遵循个性化原则，强调针对每位运动员独特的生理和心理条件进行训练计划的设计。每位运动员的年龄、性别、体能水平、健康状况以及所参与竞技项目不同，具有不同的需求。体能训练计划需要确保每一项训练符合个人的特征，这样才能有效地支持运动员的个人发展，提高竞技表现。

其中，年龄是体能训练计划中一个重要的考虑因素。年轻运动员的训练计划通常需要包括技能的发展和基础体能的增强，而年长运动员的训练应更侧重于特定技能的完善和体能的维持。此外，年龄的增长也会影响恢复的速度和训练后的恢复需求，因此训练计划需要根据运动员的年龄阶段来调整训练负荷和恢复时间。

性别是另一个重要的考量因素。男性和女性运动员在生理结构和激素水平上的差异导致了他们在力量、耐力和柔韧性方面的不同表现。例如，女性运动员需要更多关注关节保护和增强下肢力量的训练，以预防特定类型的运动伤害。同时，女性的训练周期还需要考虑到生理周期的影响，合理安排训练强度和内容。

体能水平也是个性化训练计划中需要考虑的因素。每个运动员的起始体能水平都不相同，有的是刚刚开始体能训练的新手，而有的已经是训练有素的资深运动员。因此，训练计划必须根据他们的当前体能状态来设计，确保训练既有挑战性又不会超出他们的承受能力。对于新手来说，重点是建立体能训练的基础，而对于经验丰富的运动员，训练则应更加注重技术的精细调整和高强度的体能挑战。

健康状况对于制订体能训练计划也至关重要。运动员的任何既往伤病都必须在训练计划中得到充分考虑，以避免复发或造成新的伤害。这意味着对某些训练活动进行修改或用其他类型的训练来替代，确保运动员可以在不损害健康的前提下训练和提高。

训练计划的个性化还必须考虑到运动员所参与的具体竞技项目特点。不同的运动项目对体能的需求不同。例如，马拉松选手的训练重点是耐力和心肺功能的提高，而举重运动员则更需关注力量和爆发力的训练。因此，训练计划应细致地反映出每项运动的专项需求以及运动员在该项目中希望达成的具体目标。

只有通过全面而细致的个性化设计，体能训练计划才能够有效地支持运动员根据自己独特的条件和需求进行训练，从而最大限度地发挥他们的潜力，实现个人竞技上的最佳表现。

（二）科学性原则

体能训练计划的科学性原则强调训练活动必须建立在科学研究和实证基础之上，以确保训练方法的有效性和安全性。这一原则是体能训练成功的关键，因为它直接影响训练效果的最大化和运动伤害的最小化。

科学性原则的核心在于，所有的训练方法和程序都应该有明确的科学依据。这意味着训练计划的设计需要基于最新的运动科学研究，如运动生理学、生物力学、心理学以及运动医学的知识。例如，根据运动生理学的原理设计训练计划，可以确保训练强度、频率和持续时间都能符合运动员体能发展的需求，同时避免过度训练和训练不足。

此外，科学性原则还要求定期评估和调整训练计划。通过对运动员的训练数据进行分析，教师或教练可以获得关于训练效果的反馈，从而根据实际效果调整后续的训练计划。这种基于数据的方法不仅增加了训练计划的适应性，还提高了整体训练效果的可预测性。

在应用科学性原则时，创新也是一个重要方面。随着运动科学的不断发展，新的训练技术和方法不断涌现。教师或教练将这些创新应用于训练计划中，可以帮助运动员从新技术中受益，从而提高训练效率和竞技表现。然而，任何新技术或新方法在广泛应用之前，都应经过严格的科学验证，确保它们的效果与安全性。

科学性原则确保体能训练计划不仅反映当前的科学研究，而且具备前瞻性，能够适应运动科学的最新发展。这种以科学为基础的训练方法不仅能够提高运动员的表现，还能够在保障运动员健康的同时，推动运动训练向更高水平发展。通过实施科学性原则，体能训练计划将成为运动员提升自我、实现竞技目标的有力支撑。

（三）安全性原则

安全性原则在体能训练计划的制订中占据着至关重要的地位，它的核心目标是确保运动员在训练过程中的身体健康和安全，避免训练相关的伤害。

因为体能训练涉及多种形式的物理活动，每种活动都有潜在的风险。因此，考虑到训练的安全性，教师或教练在制订训练计划时应细致考量运动员当前的体能状况、技能水平及其过往的伤病历史。这需要教师或教练与运动医学专家紧密合作，确保每项训练都在运动员的能力范围之内，同时要根据运动员的反馈和身体表现适时调整训练内容和强度。

此外，训练环境的安全也是安全性原则不可忽视的一部分。无论是室内还是室外训练，都必须确保训练设施安全可靠、器械维护得当、训练场地符合安全标准。例如，在力量训练中，所有的举重器材应确保稳固且符合安全规范；在室外跑步训练中，训练路线应避开交通繁忙的区域，以减少意外风险。

教师或教练的角色在执行安全性原则中也非常关键。他们不仅要制订合理的训练计划，还需要在训练过程中持续监控运动员的体能反应，包括注意运动员的疲劳程度、运动技术的准确性，及时发现可能导致伤害的错误动作。教师或教练还需要根据运动员的体能状态和训练响应及时调整训练计划，如在检测到过度疲劳或轻微伤病迹象时，适当减轻训练负荷或者调整训练种类。

遵循安全性原则设计训练计划，不仅可以有效预防训练中的伤害，为运动员提供一个稳定且持续发展的训练环境，还能够帮助运动员保持良好的身体状态，促进其运动技能的稳步提高，助力他们在竞技场上达到最佳表现，实现长期的运动生涯和持续的性能提升。

（四）灵活性原则

体能训练计划的灵活性原则强调在训练过程中应持续调整和优化训练方法、环境和任务，以适应运动员的具体需求和外部条件的变化。制订完毕的体能训练计划并不是不可变动的，训练过程中还会出现各种计划外的因素，因此体能训练计划的制订必须保持一定的灵活性，以适应运动员在训练期间可能发生的变化和需要。

例如，在训练过程中，运动员的身体和心理状态会不断变化，这就需要训练计划具有足够的灵活性以应对这些变化。运动员在训练周期的不同阶段（如从准备期到比赛期）需要不同的训练强度和训练内容。灵活调整训练计划可以确保每一阶段的训练都适合运动员当前的状态，帮助他们在比赛中达到最佳表现。

此外，灵活性原则也意味着教师或教练需要根据运动员的反馈调整训练方法。如果某种训练方法未能达到预期效果，或运动员感到过度疲劳，教师或教练应及时调整训练策略，如降低训练强度、更换训练方法或者调整训练的持续时间。这种及时的调整能够防止运动员出现过度训练的现象，同时保持训练的有效性和安全性。

训练环境的变化同样是灵活性原则的一部分。在不同环境中进行的训练，如室内外的变化、不同的地面或不同的气候条件，可以帮助运动员适应各种比赛环境，增强其心理和生理的适应性。此外，变化的训练环境也能增加训练的趣味性，从而提高运动员的参与度和动力。

灵活性原则还包括训练任务的多样性。在训练计划中引入不同的训练任务和目标，可以全面发展运动员的各项体能和技能。例如，力量训练、耐力训练、速度训练和技能训练相结合，不仅可以避免训练内容的单一化，还可以确保运动员体能的均衡发展。

这种灵活性不仅能够提高运动员的适应能力，还能激发他们的训练兴趣和动力，有效应对训练过程中可能出现的各种挑战和变数，从而有效地增强训练的效果。这种针对个体需求的调整，使训练计划始终保持活力，能够有效地支持运动员的长期发展和竞技需求。

（五）循序渐进原则

体能训练计划中的循序渐进原则强调训练计划应逐步增加负荷，通过有计划的、分阶段的方法逐渐提高训练难度，梯级上升，确保运动员能够在适应当前训练水平后再逐渐满足更高的训练要求。

循序渐进的体能训练开始于一个相对较低的强度，这一阶段主要是让运动员的身体逐渐适应体能训练的压力。在这一初始阶段，重点是建立良好的运动基础，如正确的运动技术、增强基本的体能素质（如力量、耐力和柔韧性）以及发展运动协调能力。这种基础性训练对预防训练中的伤害至关重要，因为它能帮助构建稳定的肌肉和骨骼结构，为后续更高强度的训练做好准备。

随着运动员基础体能的提高，训练计划将引入更高的负荷和更复杂的训练形式。例如，可以通过增加重量、调整速度、改变训练频率或持续时间逐步增强训练的强度。这种渐进的方法能够确保运动员的身体在每一阶段都有足够的时间来适应新的训练负荷，从而有效地促进其体能和技能的发展。

在逐步增加训练负荷的同时，循序渐进原则还要求对运动员的身体反应进行持续监测。通过定期的体能测试和健康检查，教师或教练可以及时了解运动员对训练的适应情况，并据此调整训练计划。这种监控不仅可以防止过度训练，还能及时发现并处理可能的与训练相关的伤害，从而保证训练的连续性和安全性。

应用循序渐进原则的体能训练计划能够为运动员提供一个科学、合理的训练路径。这种训练路径不仅注重短期的体能增长，还能显著降低受伤风险，使因训练不当导致的健康风险最小化。同时，这一原则更注重长期的身体健康和运动能力的持续提升。通过循序渐进的训练安排，运动员可以在保证身体健康的同时，逐步达到体能和技能的最佳状态，确保训练效果的最大化。

（六）系统性原则

制订体能训练计划应当遵循系统性原则，系统性原则体现在多个方面。

首先，系统性原则强调训练应全面且综合，涵盖运动员体能的各个方面，包括力量、耐力、速度、柔韧性等。系统性的训练不仅能够均衡发展运动员的多项体能素质，而且能有效整合技术技能的提升，从而实现运动员整体能力的优化和竞技水平的全面提升。在制订体能训练计划时，系统性原则要求教师或教练详细考虑每项体能组成部分如何相互作用和支持运动员的总体发展目标。例如，在准备力量训练的同时，教师或教练应考虑如何通过耐力训练增强运动员的整体性能，还要注重速度训练和柔韧性训练，确保这些训练在提升某项特定技能的同时，不会忽视其他重要的体能素质。

其次，系统性训练计划还包括技术和策略上的系统性，这对于运动表现的提升同样关键。技术和策略的训练不是随机或孤立的技能练习，而是一个相互衔接、相互支持的整体系统。这种系统性的训练能确保每项技术的学习和应用都能为运动员的整体表现和策略执行带来直接的益处。技术训练的系统性体现在将技能分解成多个组成部分，并逐步通过层次化的练习将这些部分整合起来。例如，在网球或羽毛球等技术性较强的运动中，运动员需要练习多种不同的击球技术，如发球、截击球、挑球等。有效的训练计划会系统地安排这些技术的学习顺序，先从基本动作练起，逐渐过渡到复杂的组合技术和实战应用。这样的安排不仅加强了技术的逐步学习，而且确保了新技能的学习是在已掌握的技能基础上进行的，从而形成技术上的累积和提升。

最后，系统性原则还强调恢复策略的重要性。适当的恢复不仅可以预防伤害，还能帮助运动员在高强度训练后更好地恢复体力和精神状态。因此，一个全面的训练计划应包括有针对性的恢复策略，如适度的休息、恢复性训练、营养支持和心理辅导等，确保运动员能够持续进行高强度训练而不至于出现身体或心理上的过度疲劳。

通过实施系统性原则，体能训练计划不仅能更全面地覆盖运动员的训练需求，而且能够促使各项训练内容有效地协同工作，支持运动员的整体发展。这种整合和协调的训练方式能够充分挖掘运动员的潜能，帮助他们在各种竞技条件下发挥出最佳表现，同时确保他们的训练既高效又可持续。通过这样的系统性训练，运动员可以在竞技和生理上都达到一个新的高度。

二、体能训练计划的内容

完整的体能训练计划必须具备以下几大基础内容。

（一）体能训练目标

训练目标在体能训练计划中扮演着核心角色，它们为整个训练过程提供了方向和目的。精确设定的训练目标能确保运动员有针对性地提升特定的体能和技能，同时帮助教师或教练制定更有效的训练策略，因此，体能训练计划必须具有训练目标。

训练目标的制定需要基于对运动员当前体能水平的详尽评估，包括力量、耐力、速度、柔韧性及技术技能等方面。这些目标不仅应具体明确，而且应是可测量的，以便教师或教练和运动员能够明确知晓训练的最终成果。例如，一个具体的训练目标是缩短跑步时间或提高特定技能的执行质量。训练目标的设定还应考虑到运动员的个性化需求和动机因素。运动员的个人兴趣、竞技水平和生活环境都会影响他们对训练的接受度和投入程度。因此，与运动员密切沟通，了解他们的个人偏好和实际需求，对于制定有效的、可持续的训练目标至关重要。

训练目标的层次性也应体现在体能训练计划中。从长远来看，总体训练目标应关注运动员的职业发展和高峰期表现的达成，如为国家队选拔或国际比赛做准备。中期目标应更集中于季节性比赛的准备，如确保在即将到来的赛季中达到最佳状态。短期目标则应更具体，如每月或每周的技术和体能提升，甚至每日的训练重点会具体到需要强化的肌肉群或技能。

训练目标涵盖短期和长期两方面。短期目标通常聚焦于即将到来的比赛或赛季，旨在快速提升运动员的竞技状态或解决技术上的具体问题。长期目标则更加关注运动员的整体发展，如提升整体体能基础、技术熟练度或策略理解，这些都是运动员职业生涯中持续成功的关键。

通过精确设定并灵活调整训练目标，体能训练计划不仅能够最大限度地激发运动员的潜力，还能持续提供必要的挑战和动力，确保运动员在追求卓越的道路上不断前行。

（二）体能训练时间

体能训练时间是对训练周期内各项活动时长和频率的精确把控。它是确保训练效果和运动员健康的核心组成部分，因为合理的时间安排直接关系到训练的效率、恢复的充分性以及运动员的长期发展。

在体能训练计划中，训练时间的核心内容包括训练的频率（每周进行的训练次数）、训练的持续时间（每次训练的时长）以及训练的时间分布（训练在一天中或一周中的具体安排）。这些时间参数是基于运动生理学原理制定的，目的是充分提高训练刺激的效果，同时，训练时间的安排则应具体和细化，每天甚至每次训练的时间都需要根据具体的训练内容和运动员的状态来精确调整。

训练频率的设定需要考虑到训练类型和运动员的恢复能力。例如，高强度的训练，如力量训练或速度训练需要较长的恢复期，因此这类训练的频率相对较低。而低强度的耐力训练可以更频繁地进行，因为它对身体的恢复要求较低。科学地设置训练频率，可以避免过度训练，同时保证每次训练后身体有足够的时间进行修复和强化。

训练持续时间的确定更多地取决于训练的目标和强度。较短的训练时长通常适用于高强度训练，以避免因疲劳累积导致的训练效率下降或伤害风险增加。较长的训练时长适用于低至中等强度的耐力训练，帮助运动员增强心肺功能和肌肉耐力。

训练的时间分布关乎训练计划的周期化安排，包括日间训练的安排和周训练周期的结构。良好的时间分布可以确保训练计划与运动员的生物节律和日常活动相匹配，从而提高训练的可持续性和运动员的整体满意度。

训练时间的精确设定和管理是体能训练计划成功的关键。它不仅确保了训练刺激的适时性和适量性，还有助于实现高效的训练周期，优化运动员的体能发展和竞技表现。在体能训练计划中包含明确的训练时间内容，是达到这些训练目标的基础。

（三）体能训练内容

在体能训练计划中，训练内容的设计至关重要，体能训练内容的确定应基于对运动员在其参与运动项目中所需能力的全面理解，以全面提升运动员的身体素质为宗旨，满足不同运动项目的需求。例如，体能训练中的力量训练，它不仅能增加肌肉力量和爆发力，还能提高肌肉的耐力。力量训练包括使用自由重量、器械或体重训练等多种内容，这些训练有助于增强运动员对运动特定技能的控制和执行力。而速度训练是提升运动员在短时间内发力的能力。速度训练的内容通常包括短距离冲刺、敏捷性训练和速度耐力练习，这些训练可以帮助运动员在竞赛中快速启动和改变方向，提高整体运动效率。耐力训练是体能训练的一个重要方面，它涉及提升运动员在长时间运动后仍能保持较高性能的能力。耐力训练内容应包括有氧和无氧练习，旨在增强心肺功能和肌肉的耐力，确保运动员在比赛中的持久性等。

有针对性的训练内容不仅能够优化运动表现，还能提高运动员在比赛中的竞争力，确保其在高强度竞技环境中的表现持久和稳定。这种训练的终极目标是使运动员的体能素质全面发展。

（四）体能训练方式

体能训练方式主要包括选择合适的训练方法、手段和途径等。在体能训练计划中，训练方式是实现训练目标和训练内容的关键，其设计不仅关乎训练效果能否最大化，还涉及训练的可持续性和运动员的参与度。

体能训练方式应基于运动员的具体需求和特点进行设计。例如，在年度训练总计划中，训练方式的选择需要从宏观角度出发，考虑运动员在整个训练周期内的体能发展需求。这通常包括建立一个综合的运动方法体系，确保训练内容的多样性和科学性。年度计划通常根据运动员的运动机能测试结果（如 FMS 测试）进行个性化设计，以确保训练计划的针对性和有效性。而在月度训练计划中，训练方式的选择则更加注重灵活性和适应性，根据月训练目标以及运动员的兴趣、特长和当时的训练条件、环境进行调整。例如，如果某个月的重点是提高速度和敏捷性，那么训练方式应倾向于使用更多的爆发力训练和敏捷性练习。这样的训练方式既能保持训练的专注性，也能根据实际情况进行必要的调整，以适应运动员的实时状态和外部环境变化。而对于周计划，训练方式的多样化尤为重要。为了避免训练内容的单一性，周计划应通过不同的训练形式来增加训练的趣味性和挑战性。这可以通过交替不同类型的训练任务，如力量日和速度日，或者在一周内设置不同的训练重点来实现。多样化的训练方式有助于激发运动员的训练兴趣，提高他们的参与度和训练动力。日常训练计划中的训练方式则需要更精细的规划。每日的训练内容应详细规划，确保与当日的训练负荷相匹配。这包括具体的训练方法选择、所使用的训练器械和工具以及训练的具体途径。日计划的精细化管理确保每次训练都能有效达到预定的训练效果，同时减少受伤风险。

只有通过层次分明、科学合理的训练方式设计，体能训练计划才能够更好地服务于运动员的长期发展，提高训练效率和效果，同时保持运动员的参与度和训练的持续性。这种综合且具体的训练方式设计，不仅优化了运动表现，还提升了整个训练过程的科学性和实用性。

（五）营养与恢复计划

营养补充与体能恢复在体能训练计划中占有至关重要的位置，它们是确保训练效果并促进运动员健康的关键非训练因素。体能训练的本质是通过不断的身体负荷与恢复周期来提升身体各项机能，其中恢复阶段直接影响训练的持续性与效果。

营养补充是体能恢复的物质基础，适当的营养摄入不仅可以补充训练中消耗的能量，还可以加速肌体的修复和增长。训练期间和训练后的营养物质应包括充足的碳水化合物、高质量蛋白质、必需脂肪酸、维生素和矿物质，这些营养成分对于修复肌肉组织、恢复能量储备及支持整体健康至关重要。例如，碳水化合物有助于恢复肌肉和肝脏的糖原储备，而蛋白质则是修复和增长肌肉纤维所必需的。

体能恢复不仅仅是营养补充那么简单，还包括充分的休息和适当的体能恢复技术。恢复期间的充足睡眠至关重要，因为大部分的修复和恢复都是在睡眠时进行的。除了传统的休息，其他如冷疗、热疗、按摩或泡澡等恢复手段也对于减轻肌肉疲劳、加快恢复周期有显著效果。体能训练中的恢复阶段是一个系统性工程，需要从多方面综合考虑，包括营养补充、休息、心理调整和体能恢复技术的应用等。没有充分的恢复，连续的训练将导致能量物质的过度消耗，不仅降低训练效果，还可能引发过度训练综合征，对运动员的身体健康造成长远的负面影响。因此，体能训练计划应明确地列出有针对性的营养与恢复策略，确保运动员能在最佳状态下完成训练，达到预期的训练目标。这需要教师或教练和运动员共同关注，将营养和恢复作为训练计划不可或缺的一部分来执行。

（六）体能训练评价

体能训练评价是体能训练计划的一个不可或缺的组成部分。训练评价提供了一种系统的方法来监控训练效果，提供了关于训练效果的重要信息和及时反馈。教师或教练能够获得关于运动员体能状态、技能掌握程度以及训练负荷的适宜性的直接信息，从而支持其制定科学的训练决策，帮助运动员优化训练成果，确保了训练活动的有效性和效率。例如，如果评价结果显示某运动员在力量训练方面进步缓慢，教师或教练会增加力量训练的比重或调整训练方法。因此，体能训练计划应加入训练评价这一项内容。

有效的训练评价不应该流于形式，而应能够显著提高训练计划的整体质量和运动员的表现，这是推动运动表现持续进步的关键环节，其重要性不容忽视。训练评价应涵盖多个维度，包括身体素质的评价、技能水平的测定以及心理状态的监控。身体素质的评价通常涉及力量、速度、耐力等基本体能指标的测量，通过标准化测试（如力量测试、耐力跑测试等）进行。技能水平的评价则依赖运动技能的特定表现，如在篮球训练中常关注投篮准确度和运球技巧。心理状态的评价则帮助教师或教练了解运动员的竞技心理状况，如压力管理和比赛焦虑水平。此外，训练评价的另一重要方面是确定训练目标的达成程度。这不仅包括短期目标，如单次训练或周训练计划的效果，也包括对长期训练成果的评价。长期的评价帮助教师或教练和运动员理解整个训练周期的成效，调整未来的训练目标和方法。

训练评价的有效实施依赖清晰的评价指标和科学的评价方法。评价指标应该具体、可量化，并与运动员的训练目标直接相关。常见的评价方法包括定量测试、技术分析和生理指标监测等。这些方法可以通过现代科技工具，如运动表现监测系统和生理监测设备来辅助实现。

三、体能训练计划制订的步骤

体能训练计划的制订一般可以按照以下步骤进行，如果情况特殊，可以酌情在此框架的基础上进行调整。

（一）需求分析

在体能训练计划的制订过程中，第一步是需求分析。这一步的关键在于深入理解运动项目的特性及运动员的个人需求。

首先，教师或教练需要全面分析运动项目的能量代谢特征，识别出该项目对运动员在无氧和有氧能量系统的具体要求。

其次，项目的生物力学特征也必须仔细考量，包括分析运动过程中主要涉及的肌肉群和运动技巧的生物力学需求。

最后，教师或教练还需评估整个训练计划的需求和基本目标，如提升特定技能、达到某种竞赛标准或改善体能表现等。

（二）基础能力与条件评估

在体能训练计划的制订过程中，第二步是基础能力与条件评估。在这一阶段，教练需要对运动员的现有体能水平进行全面而系统的评估。这不仅包括力量、耐力、速度和协调性等体能组成部分的测试，还应包括对运动员生理和心理状态的评估。利用科学的测试工具和方法，如VO_2 max（最大摄氧量）测试、1RM（一次最大重复举重）力量测试等，可以准确地测定运动员的体能基线。

了解运动员的训练历史和曾经的伤病记录同样重要，这有助于制订一个安全有效的训练方案，避免训练过程中的潜在伤害。

同时，评估应包括对训练环境和设施的考量。运动员的训练条件、可用的设施与器械，甚至气候和海拔等因素，都可能影响训练计划的制订和实施。全面了解这些外部条件，有助于教师或教练更有效地安排训练内容，使其既符合运动员的体能需求，又适应实际的训练环境。

（三）明确指导思想和训练原则

在体能训练计划的制订过程中，第三步是明确指导思想和训练原则。这一步骤的核心在于形成一个科学、系统的训练指导框架，这不仅基于运动训练的理论知识，还融入了教师或教练的实践经验和对运动训练规律的深刻理解。

训练的指导思想应当尊重和利用这些运动训练规律，确保训练计划的科学性和实效性。指导思想的确立需要教师或教练具备扎实的专业知识和持续的自我更新能力，包括对最新运动科学研究的关注、理解和应用新兴的训练技术和方法。

训练原则的制定应该考虑运动员的具体条件，如年龄、性别、体能水平和心理状态等，确保训练计划的个性化和适宜性。训练原则还应强调适度原则、循序渐进原则和灵活原则等。这些原则有助于在保证安全的前提下，通过合理的训练负荷和周期安排，优化运动员的体能发展和技能学习。有效的指导思想和明确的训练原则是增强训练效果、预防训练伤害的重要保障。

（四）设计各项训练内容

在体能训练计划的制订过程中，第四步是设计各项训练内容。这个步骤要求教师或教练根据之前的需求分析和能力评估，详细规划每一个训练环节的具体内容，包括训练的目的、方式、工具、时间、营养与恢复计划等。各项训练内容的设计应充分反映训练计划的目标，每一项训练内容都应该与运动员的具体需求和训练目标直接相关。

此外，各项训练内容的设计还应考虑周期性和阶段性的安排，每个时期的训练强度和焦点都有所不同。精心设计的训练内容，可以确保运动员在不同阶段都能得到恰当的训练，以实现其最佳体能状态和技术水平。

（五）计划的审核与完善

在体能训练计划的制订过程中，最后一个关键步骤是计划的审核与完善。这一步骤的主要目的是确保训练计划具备科学性和系统性，同时保留必要的灵活性以应对不可预见的变化和挑战。

首先，对训练计划进行详尽的核查是至关重要的。这包括确认训练内容是否全面覆盖了运动员的需求，训练方法是否最新且有效以及训练周期是否合理安排。此外，核查过程还应评估计划的科学性，确保所有训练活动都基于最新的运动科学研究，同时符合运动生理学和运动训练学的原则。系统性的审查则涉及计划的整体结构和各部分之间的协调性。这确保了训练计划中的各个部分，如力量训练、耐力提升、技能练习和恢复期都能协同工作，共同支持运动员的整体发展目标。在保证计划的科学性和系统性之后，留出一定的灵活性至关重要。这意味着在计划中预设一些可变动的余地，以便根据运动员的实际表现和反馈进行调整。例如，根据运动员的恢复状况和疲劳程度调整训练强度和负荷，或者在面对意外伤病时能迅速转换训练重点。

其次，制订备用计划也是这一步骤的重要组成部分。备用计划包括在遇到不利天气、设备故障、场地不可用或运动员出现健康问题时的替代训练活动。这样的准备可以确保训练的连续性，避免因外部因素影响训练计划的整体实施。

最后，训练计划的评估和修正是一个持续的过程。通过定期回顾和评估训练效果，教师或教练和运动员可以共同探讨改进的方向，不断优化训练计划。这不仅包括对完成的训练单元的评估，还包括对运动员体能、技能和心理状态的长期跟踪，确保训练计划始终与运动员的发展需求保持一致。

通过这些综合的措施，体能训练计划将在一个科学、系统而灵活的框架下得到实施，从而充分发挥运动员的发展潜力，提高运动员的竞技表现。

第四节　体能训练计划的实施路径

一、体能训练计划实施路径的类型

体能训练计划的实施，根据运动员的具体需求和目标，可以采用不同的路径。这些路径包括专注型、直线型、并进型、组合型实施路径，每种路径都有其独特的优势和适用场景。选择合适的路径不仅可以增强训练效果，还能根据运动员的体能特点和竞技需求，制订更为个性化的训练计划。下面将详细介绍这四种主要的体能训练计划实施路径类型。

（一）专注型实施路径

专注型实施路径在运动训练中被认为是一种高效的策略，尤其适用于在短时间内显著提升特定体能素质的场景。这种训练方法深入挖掘了集中化训练负荷的潜力，通过在短期内重点发展某一项体能素质，迅速提升运动员的表现能力。

在实施专注型训练路径时，训练计划通常涉及对特定体能素质的高强度刺激。例如，如果目标是提高耐力，训练计划会包括一系列密集的有氧训练，这些训练被安排在训练周期的特定阶段集中执行。相较于将训练均匀分布在整个训练周期中，这种密集的方法可以更快地促进身体对高强度负荷的适应，从而在较短的时间内实现提高耐力的目标。

专注型实施路径的主要优势在于其能快速提高运动员在特定体能领域的表现。这种路径对于那些追求在比赛前迅速提升表现的高水平运动员来说尤为有用。然而，由于这种训练模式通常涉及高强度和高密度的训练负荷，它也带来了过度训练和身体疲劳的风险。此外，由于训练内容的高度集中，这种路径可能会让训练过程显得比较单调，降低运动员的训练动机。

因此，专注型实施路径需要精心设计和周密的风险管理，确保运动员能在避免过度训练的前提下，安全有效地实现训练目标。对于教师或教练和运动员而言，合理规划训练强度、频率和恢复时间是实施这一路径的关键，只有这样，专注型训练才能达到最佳效果，并最大限度地减少潜在的负面影响。

（二）直线型实施路径

直线型体能训练实施路径是一种逐步推进的训练策略，它要求按照从基础到专项的顺序，一项接一项地系统提升运动员的体能素质。在这种实施路径中，每一个训练阶段都建立在前一个阶段成果的基础上，确保训练的连续性和效率。例如，开始阶段应专注于增强基础体能和全面力量，这为之后更具挑战性的爆发力和速度训练奠定了坚实的基础。随后的阶段则逐步引入更高强度的技能练习，每一步都明确依托之前阶段的成果，直至达到针对比赛的专项技能训练。这种按部就班、累积前进的训练方式，不仅有助于系统性地提升运动员的整体体能，还能通过明确的阶段目标，让教师或教练和运动员更好地跟踪进度和调整细节。直线型实施路径通过其结构化的特点，使训练过程既有序又富有成效，适用于需要逐步发展复杂技能和体能的运动员训练。

（三）并进型实施路径

并进型实施路径是一种适用于多种体能素质同时提升的训练策略，这种路径能有效促进运动员在多个方面能力的同时提升。在这种路径下，训练不是依次发展每个体能要素，而是并行地加强多个素质，如耐力和爆发力等。

并进型实施路径要求教师或教练精细调整训练内容和负荷，同时推进各项体能训练，保持这些训练之间的和谐与相互支持，避免一种训练对另一种的负面影响，即"负迁移"现象。例如，在一个训练周期内同时进行耐力训练和力量训练。这种训练方式要求精确控制训练的间隔和强度，确保运动员体能在多方面均衡发展，而不是某一方面突飞猛进而牺牲了其他方面。

此外，并进型实施路径在安排训练时还要特别注意调整训练方式、内容与负荷，尤其是在赛季中长期维持运动员的竞技状态时更显重要。这种路径不太适合那些需要显著提高单一体能素质的训练有素的运动员，因为它更强调多方面能力的均衡发展而非单一方面的极致提升。这种策略尤其适用于需要全面体能素质的团队运动，能够帮助运动员在赛季中保持良好的竞技状态，特别是在集体性运动，如篮球或足球中，使运动员在保持整体体能平衡的同时，实现各方面能力的同步提升。

（四）组合型实施路径

组合型实施路径是一种灵活而有效的训练策略，特别适合于那些需要在短时间内提高多项体能素质的运动员。这种路径的核心在于在单个训练周期内同时发展多种体能要素，但每个小周期内集中强化特定的一项或几项素质，从而增强训练效果且控制训练导致的疲劳。

在组合型实施路径中，训练计划被设计为在小训练周期内针对不同的体能素质进行综合性训练。例如，对于一位跳远运动员，训练计划包括力量、速度力量和力量耐力的综合训练。在实施过程中，虽然每次训练都会触及这三项素质，但每周的训练重点有所不同。第一周可能更侧重于最大力量的提升，第二周聚焦于速度力量的发展，而第三周则重点提高力量耐力。这种策略允许教师或教练精确控制每项体能素质的训练强度和恢复时间，确保运动员在维持整体体能发展的同时能专注于特定素质的提升。

此实施路径的优势在于它允许在整个训练周期中持续地刺激运动员的不同体能素质，而不必担心过度训练或不必要的疲劳。这种实施路径要求运动员具备较高的体能基础和适应能力，以支撑密集且多样的训练需求。同时，组合型实施路径也提供了一种策略，让教师或教练能够根据运动员的反应和进步，灵活调整训练重点，以应对比赛的不同阶段和运动员的即时需求。

总之，组合型实施路径通过在一个训练周期内有计划地切换不同体能素质的训练焦点，为运动员提供了一个全面且高效的训练模式，有效地利用了训练时间并充分挖掘了体能发展的潜力。这种训练策略适用于需要在多个体能领域同时取得进步的运动员，特别是在竞技状态不断变化的顶级运动中显得尤为重要。

二、体能训练设计实施过程中的调整

体能训练设计实施是一个动态过程，不仅需要基于对运动员生理变化的深入理解和科学监测，还涉及对其心理响应的精细监测和推断。综合运用这些生理、心理等数据，可以制订出更加个性化、科学和有效的训练计划，帮助运动员安全地达到最佳体能状态，同时预防训练相关的健康风险。

（一）根据生理特征进行调整

随着训练的持续进行，运动员的生理状态会发生显著的变化。生理特征的变化，如心率、肌肉适应、糖代谢和脂肪代谢等，提供了有价值的信息，指示运动员对训练的适应程度以及可能需要调整的训练负荷。例如，心率是衡量训练强度和心血管适应性的一项重要指标。在训练初期，高强度的训练可能导致心率显著增加，但随着心脏效率的提高，相同强度的训练所引起的心率会逐渐降低。此外，心率恢复时间，即训练后心率返回静息水平所需的时间也是衡量心血管适应性和恢复能力的关键指标。

糖代谢和脂肪代谢的改变同样反映了运动员对训练的适应。随着训练的进行，运动员的身体将更有效地利用脂肪作为能量来源，减少对糖的依赖，这有助于提高耐力和减少疲劳。监测这些代谢变化可以为调整训练强度、频率和类型提供科学依据。

通过生理指标监测，教师或教练可以更准确地判断训练负荷的适宜性。如果运动员在训练后显示出异常的生理指标，如异常高的心率、延长的心率恢复时间或能量代谢失衡，这表明训练强度过高或训练安排不当。在这种情况下，减少训练强度或调整训练计划是必要的，以避免过度训练和潜在的伤害。

同时，生理反应也可以指示训练负荷过低，此时运动员的适应性改进可能停滞不前。例如，如果心率监测显示即使在进行了挑战性较强的训练后心率变化不大，可能表明运动员的心血管系统已对当前训练负荷产生了适应，因此需要增加训练的强度或改变其类型来继续促进身体的改进。

在体能训练的实施过程中保持灵活性至关重要。训练计划应具有调整的空间，以适应运动员的生理反应。这种灵活性可以通过定期的生理和性能评估来实现，确保训练计划的每一部分都基于最新的生理数据和运动员的反馈。此外，制订多种训练方案和备用计划，以应对可能的健康问题、环境变化或其他影响训练执行的因素，也是保持训练连续性和有效性的一种方法。

（二）根据心理特征进行调整

在体能训练中，心理状态的管理同生理训练一样重要。心理特征不仅影响运动员的表现，还可以提供训练负荷是否适宜的重要线索。理解和调整基于心理状态的训练计划，可以增强训练效果，提高运动员的整体表现和满意度。

运动员的心理状态，如动机、情绪、压力感受和对训练的态度，直接影响他们的训练表现和恢复能力。例如，高动机水平和积极的情绪可以增强运动员对训练的接受度和参与度，而焦虑、紧张或消极情绪则会抑制运动表现，增加受伤风险。训练负荷过高往往会导致运动员感到压力过大、疲劳累积，甚至出现过度训练的症状，如长期疲劳、体能下降和情绪消极。相反，过低的训练负荷可能导致运动员感觉不到挑战，从而影响其训练动力和发展潜力。

定期进行心理状态的评估，如使用问卷调查、心理咨询和训练日记等方法来监测运动员的情绪、压力水平和动机，可以帮助教师或教练了解运动员对当前训练计划的心理反应。

基于心理评估的结果，教师或教练可以个性化地调整训练负荷。例如，对于那些感到压力过大的运动员，可以适当减少训练强度或增加更多的恢复时间，以降低心理压力并促进身心恢复。

提供心理支持和建立有效的沟通渠道，可以帮助运动员处理训练中的压力和挑战。这包括运动心理训练、团队建设活动和一对一咨询，以增强运动员的心理韧性和应对策略。

教师或教练应积极听取运动员关于训练计划的反馈，关注他们对训练强度、体能和内容的感受。运动员的直接反馈是调整训练计划的重要依据，有助于教师或教练及时了解和应对潜在的心理问题。

教师或教练在制订训练计划时，应加入适应性调整机制，允许根据运动员的心理和生理反馈灵活调整训练内容和负荷。例如，设置备用训练模式，以适用于运动员情绪低落或体能不佳的时候。

通过将心理因素纳入训练负荷的调整中，教师或教练可以更全面地支持运动员的发展，不仅提高其体能表现，还有助于运动员的心理健康和整体水平提高。这种综合考虑心理和生理因素的方法，是现代体能训练中提高效率和增强效果的关键。

第六章　体能训练体系

第一节　力量训练体系

一、力量训练的意义

力量训练在体育运动中扮演着核心的角色。它不仅是提升运动表现的基础，而且是促进运动员整体运动素质协同发展的关键。通过系统的力量训练，运动员不仅可以增强肌肉力量和耐力，提升速度与爆发力，也可以优化协调性和灵敏性。这种训练确保了运动员在面对各种体育挑战时拥有更好的物理准备和技能执行力，从而在竞技体育中达到更高的成就。总结来看，力量训练的意义有以下几项。

（一）力量训练是运动技术层次和风格的决定因素

在体育运动中，力量训练在运动技术的层次和风格的形成中具有决定性的作用，因为技术的执行不仅需要技巧和策略，而且更多地依赖运动员的力量条件。力量训练增强了肌肉和骨骼的整体结构，使运动员能够更加精确地控制运动过程中的每一个动作，尤其在执行高难度技术动作时具有更好的支撑和控制能力，为技术动作的精确执行提供了基础。例如，在体操运动中，运动员需要通过精确的力量控制来完成各种复杂的翻转和旋转，越是高级动作越需要高度的力量支持来确保动作的稳定和精确。

力量训练对运动风格的影响表现在它使运动员能够根据自身的力量特点调整和优化技术动作上。不同的运动员会因为力量水平的不同而选择不同的技术路径。例如，在篮球运动中，力量较强的运动员更倾向于使用身体对抗的方式突破防守，而力量较弱但技巧性较强的运动员则使用更多的假动作和快速突破来弥补力量上的不足。因此，力量训练不仅关乎技术的实现，还是风格形成的关键。随着力量的提升，运动员能够尝试和掌握更多技术动作，改变技术路径，而这些动作在力量未达到一定水平时难以执行。这种技术的扩展直接丰富了运动员的比赛策略和应对复杂比赛情况的能力，决定了运动员的技术层次和风格。

（二）力量训练是支撑其他运动素质发展的根基

在体育运动中，力量不是单一的身体属性，而是多种运动素质相互作用的核心。例如，速度的提升依赖快速肌肉力量的爆发，耐力则需力量的支持以维持长时间的运动表现，协调性和灵敏性的提升也需要力量作为执行复杂动作的基础。通过力量训练，运动员能够在不同运动场景中更好地发挥速度和耐力，这种跨素质的提升体现了力量训练的综合价值。力量可以通过增强肌肉和神经系统的协同效应，优化身体的整体运动能力，这不仅提升了单一的素质，如爆发力、耐力、持久力、灵敏度等，还实现了多种运动素质的整体提升。

（三）力量训练是取得优秀体育竞技成绩的基础支撑

力量素质在所有运动技能实现中占据基础和核心的地位。在体育竞技领域，无论是对速度与爆发力要求高的短跑，还是对力量耐力要求极高的马拉松，力量素质都是影响运动成绩的决定性因素。更进一步地，在对抗性强的体育项目，如篮球、足球中，力量训练的角色显得尤为重要，因为它直接关系到运动员的冲刺速度、跳跃高度以及在身体对抗中的稳定性和控制力；在举重运动中，力量的差异更是直接影响技术的精确度和动作的稳定性，决定等级的高低。力量训练通过提升肌肉的基础功能和爆发力，为复杂的运动技能提供动力源泉。因此，力量训练不仅是个体运动技能的基石，也是竞技体育中不可或缺的训练内容，直接影响体育竞技的成绩。

二、力量的类型

在体育运动中，根据训练目的或作用的不同，力量训练可以分为不同的力量类型，如图 6-1 所示。

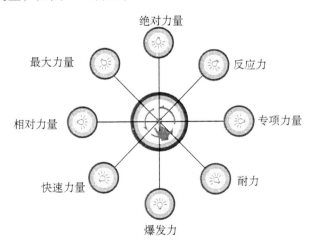

图 6-1　力量的类型

（一）绝对力量

绝对力量是指肌肉或一组协作肌肉的总体力量潜力。这种力量反映了肌肉在理想状态下的潜在力量输出能力，是许多运动员追求的关键指标。尽管绝对力量在很大程度上是潜在的，但在特定条件下，如通过适当的激发和训练，可以转化为实际表现的最大力量，未经训练的人在运动时大约有 60% 的肌纤维被激活，而经过专业训练的运动员可以达到近 90% 的肌纤维参与。因此，开发绝对力量的关键在于如何通过科学的训练方法最大限度地激发肌肉的潜能，从而提升运动表现。

（二）最大力量

最大力量是指人体或身体某部分肌肉在单次最大努力中克服阻力的能力。这种力量通常通过 1RM 来衡量，它是测试最大力量的标准方式。在体育比赛中，最大力量的表现往往直接关系到运动员的爆发力。运动员若最大力量的值较高，能更容易克服比赛中的阻力，从而更有效地执行技术动作。

（三）相对力量

相对力量是指每千克体重所能展现的力量，计算方式为最大力量除以体重。这种力量对于那些受体重级别限制的运动项目尤为重要，如举重、拳击、摔跤等。相对力量的高低往往决定了运动员在体重级别内的竞争力，因此，提高相对力量是这些项目训练的重点之一。

（四）快速力量

快速力量是指肌肉在短时间内快速克服阻力的能力。这种力量是与速度、灵敏度和协调性紧密相关的力量形式。在许多运动项目中，如短跑、足球等，快速力量是重要的训练内容。快速力量的训练不仅涉及力量本身的提升，还包括如何更快地激发肌肉群以及如何在最短时间内达到最大力量输出。

（五）爆发力

爆发力是指神经肌肉系统在极短时间内爆发出最大加速度和力量去克服阻力的能力。这种力量通常在 0.15 秒内达到峰值，是很多运动项目，如跳远、投掷等决定成败的关键。爆发力的训练侧重于提升力量的快速释放，这不仅要求肌肉力量的高强度发展，还需要神经系统的高效配合。

（六）耐力

耐力是指肌肉长时间克服阻力的能力，或在高强度下持续进行某种动作的能力。跑步、划船或中长跑的冲刺阶段等都急需耐力。这种力量的训练要求在维持较快动作速度的同时，肌肉必须展示出持久的力量输出能力。耐力是很多中长距离项目的训练重点。

（七）专项力量

专项力量是运动训练中一个非常具体和重要的分类，它涉及运动员在比赛中实际需要表现的特定力量。这种力量的特点是它与比赛动作的动力学张力特征曲线高度一致，即运动员需要在特定的时间和空间条件下，发挥与比赛动作完全相符的力量类型。专项力量的训练目的是使运动员的肌肉力量输出与比赛中的实际需求尽可能匹配，从而直接提升比赛表现。例如，举重运动员的训练会专注于模拟比赛中的提拉动作，确保力量的输出与比赛要求同步。增强专项力量不仅需要传统的力量训练方法，还需要高度模拟比赛条件的训练环境和具体技术动作的练习，以确保训练的针对性和有效性。

（八）反应力

反应力，也称为弹性力量或超等长力量，是指肌肉在由离心收缩（肌肉在拉伸的同时进行收缩）转变为向心收缩（肌肉收缩使肢体向身体中心移动）的过程中，利用弹性能量储存和释放以及神经反射的调节而爆发出的力量。这种力量在运动中的表现通常是在需要快速从一种运动状态转换到另一种运动状态的关键动作中，如短跑中的起跑和加速、足球或篮球中的急停后快速起跳、体操中的跳马动作等。之所以反应力的训练受到重视，是因为其能提高运动员在竞技场上的爆发力和应变能力。

训练反应力不仅要求运动员进行传统的力量训练，还要进行具体的技术动作训练，以增强肌肉对快速变化的适应性和反应速度。

通过这些分类，人们可以看到力量训练在体育运动中的多样化和复杂性，每种力量类型都有其独特的训练需求和运动表现影响。随着运动科学和实践的发展，力量训练的分类会越来越细，人们对各种力量类型的理解也不断深入。传统的分类，如最大力量、相对力量、快速力量和耐力已不足以涵盖所有训练需求，因此出现了专项力量和反应力等这样更具体的分类。这些分类强调了力量训练的多样性和针对性，特别是在竞技体育中，不同的运动项目对力量的需求有着明显的差异，因此运动员必须针对具体的运动特征和技术需求进行训练。此外，不同类型的力量素质在运动表现中的作用也不同，提高某一种力量素质不一定直接转化为竞技成绩的提升，这需要教师或教练、运动员在训练过程中进行精确的规划和调整，综合考虑各种力量类型的独立性和相互作用，从而更有效地提高运动员的整体表现和竞技水平。

三、力量训练的影响因素

在进行力量训练时，了解并考虑影响肌肉力量的多种因素至关重要，这些影响因素包括肌纤维的类型与比例、神经系统的支配和调节、肌肉生理横断面的大小、骨杠杆的机械效率、钾和钠的代谢、心理因素、训练的系统性等。每一个因素都在不同程度上影响力量的发展和表现，因此，透彻理解这些因素对于制订有效的训练计划、预防伤害以及优化运动员的力量表现尤为关键。

（一）肌纤维的类型与比例

肌纤维的类型与比例对肌肉力量有着显著影响。肌肉主要由两种基本类型的肌纤维组成，分别是慢肌纤维（又称为红肌纤维）和快肌纤维（又称为白肌纤维）。

由于肌肉中 ATP-CP 酶的活性在快肌纤维中是慢肌纤维的 3 倍，这使得快肌纤维在进行快速和强力收缩时更为有效，能快速地分解 ATP 提供能量。而慢肌纤维以耐力为主，收缩速度慢，能够进行长时间的活动而不易疲劳，主要依赖氧气进行能量代谢，这种纤维在长跑等耐力运动中较为常见。相比之下，快肌纤维收缩速度快，力量输出大，但耐力较差，易于疲劳，适合进行短时间、高强度的爆发力活动，如短跑和举重。肌纤维的类型及其比例受遗传因素的影响很大，但通过训练也可以得到一定程度的改变。例如，有目的的耐力训练可以增加慢肌纤维的比例，而针对力量和速度的训练则可促进快肌纤维的发展，从而在一定程度上调整肌纤维的比例，以适应不同的运动需求和提升竞技表现。了解和调整肌纤维的类型及比例是提高运动成绩的关键策略之一。

（二）神经系统的支配和调节

神经系统的支配和调节对肌肉力量的发展至关重要。神经支配调节涉及神经元对肌纤维的激活，包括运动单位的数量增加和运动单位的激活。因此，提高神经支配的效率可以增加激活的运动单位数量和提升肌肉协同工作的能力，从而有效地增强肌肉的力量输出。

而训练可以显著改善神经系统的调节能力，包括提高神经信号的传递速度和准确性，优化肌肉纤维的响应时间。此外，特定的训练，如爆发力训练或复杂运动技能训练，可以增进神经系统与肌肉之间的协调性，这不仅提高了肌肉力量，还增强了运动技能的精确性和稳定性。

（三）肌肉生理横断面的大小

肌肉生理横断面的大小直接关系其力量输出能力。肌肉横断面越大，能够生成的力量也越大。肌肉训练，尤其是重量训练，能显著增加肌纤维的直径，这一过程被称为肌肉肥大。肥大的肌肉通过增加肌纤维内的肌凝蛋白含量、增多肌毛细血管、增厚肌肉结缔组织以及增加肌糖原等方式增强其力量。此外，肌肉生理横断面的增大也会改善耐力和抗疲劳能力。因此，通过系统的力量训练提高运动员的总体力量水平，对于各种力量和速度要求高的运动尤为重要。

（四）骨杠杆的机械效率

在力量训练中，骨杠杆的机械效率起到决定性的作用。人体运动中的各种动作主要通过肌肉收缩驱动，而骨骼作为杠杆、关节作为支点执行这些动作。杠杆系统的效率决定了力量的传递和作用方式，影响着力量训练的效果和运动技术的实施。力的大小、方向、支点的位置以及作用点的安排都直接影响用力的效果，从而与运动技术的表现紧密相关。例如，在举重等运动中，优化动作技术以利用更有效的杠杆原理可以显著提高力量输出和整体表现。理解和应用杠杆原理，可以帮助运动员在训练中达到更高的力量效率，减少受伤风险，并提高技术的精确性和有效性。

（五）钾和钠的代谢

钾和钠的代谢是力量训练中的关键影响因素。这两种电解质在维持细胞内外的正常渗透压、调节酸碱平衡及物质代谢中非常重要，它们也积极参与神经兴奋的传导过程，对肌肉收缩具有直接影响。钾离子主要负责肌肉的收缩，而钠离子则帮助肌肉放松。在力量训练中，合理的钾和钠的摄取对于优化肌肉的收缩和放松周期至关重要，能够增强肌肉响应性和维持训练期间的电解质平衡。因此，确保运动员的饮食中含有适量的钾和钠，以支持健康的神经和肌肉功能，是提高训练效果的一个重要方面。

（六）心理因素

心理因素对力量训练的影响不容忽视。良好的心理准备可以显著提升运动员的表现，尤其是在面对高强度训练或竞赛时。心理因素，如动机、压力应对和情绪管理直接影响神经系统的活性和兴奋性，进而影响肌肉的力量输出。心理训练，如集中注意力、自我暗示和心理调节技巧，可以提高神经系统的易化作用，使身体各系统能更好地协调工作，提升力量和性能。因此，整合心理训练进入力量训练计划，能够帮助运动员解除心理上的抑制，激发出更佳的力量表现。

（七）训练的系统性

系统性训练是维持和提高肌肉力量的关键。力量训练通过逐渐增加的负荷促进肌肉适应，从而增强肌肉的力量和耐力。如果停止训练，已经获得的肌肉力量和相关的生理改变会逐渐消退，通常以提高速度的约1/3 的速率退化。因此，持续和系统的训练是必要的，它不仅能维持已有的肌肉力量，也能在竞技性能上持续进步。长期的系统训练有助于稳定和提升肌肉力量以及保持高水平的运动表现。

以上这些因素共同影响着力量训练的效果和运动员的表现，了解和管理这些因素可以显著提高训练的效率和运动成绩。

四、力量训练的方法

力量训练的方法多种多样，根据肌肉的收缩形式，主要可以分为静力性练习、等张收缩练习、等速训练、离心力量练习、超等长练习。这些方法各有其特点和适用场景，能够针对不同的训练目标和需求提供有效的训练策略。

（一）静力性练习

静力性练习是一种在肌肉长度不变的条件下进行的力量训练方法。在这种训练中，肌肉发力但不产生可见的运动，如推墙和保持某一姿势等。这种训练方式具有显著的优点：它能在相对不疲劳的状态下增强肌肉力量，稳定关节，预防运动损伤。静力性练习不仅有助于提升最大力量，还可以有效地发展静力性力量和静力性耐力。

生物学研究表明，静态力量是动态力量的基础，而静力性练习是发展静态力量的一种有效手段。然而，这种训练方法也存在一些缺点。首先，静力性练习主要增强的是特定关节角度下的力量，这种局限性意味着它对全面力量的提升作用有限。其次，由于静力性练习可能导致血压急剧升高，对于有心血管疾病的运动员而言，这可能引发心血管意外。最后，静力性练习与动力性训练在肌肉活动条件上有较大差异，这可能导致两者训练的力量属性不完全相同。由于大多数运动项目要求快速反应、高速度、高爆发力以及高度灵活性和机动性，因此，过度依赖静力性练习会妨碍动作速度和协调性的发展。

（二）等张收缩练习

等张收缩练习是指在恒定负荷下肌肉发生的收缩，其中肌肉的长度改变，但其发生的张力基本保持恒定。这种训练方式通常涉及举重或使用阻力设备，训练中负荷不变，而关节角度的变化会导致杠杆力矩的变化，从而影响肌肉在不同角度下的力量输出。在不同的关节角度下，相同重物对肌肉的张力是不同的，等张训练因其能在多个角度上增强肌肉的能力而被广泛应用。

等张训练的优势在于它能够模拟日常生活和特定运动中的实际动作，因此对于增强功能性力量非常有效。此外，它也有助于提高肌肉耐力和总体力量水平。然而，由于不同角度的力量不均可能导致肌肉发展不平衡，因此在训练中经常需要调整角度和负荷，以确保全面发展。

（三）等速训练

等速训练通常使用专用的器械进行，这种训练确保肌肉在整个运动范围内受到恒定的速度负荷。等速练习器通过机械装置调整，保证无论运动员施加多大力量，设备都以固定速度运动，这种方法可以使肌肉在整个运动过程中经历最大的负荷，极大地提高肌肉的力量和爆发力。等速训练最好一周进行 2 ～ 4 次，每个训练周期至少持续 6 周，以确保足够的适应和力量增长。训练内容应根据专项运动的需求设定，确保练习中的动作速度与实际竞技动作的速度相匹配或更快。此外，建议每种练习做 2 ~ 4 组，每组根据负荷大小进行 8 ~ 15 次或 15 次以上的重复，这有助于使肌肉力量的发展最大化。

等速训练的特点是能够在安全的条件下极大地锻炼肌肉，由于其可以精确控制速度和负荷，因此非常适合需要精细力量调控和重伤康复的运动员使用。这种训练方式不仅提高了肌肉的力量和控制能力，也增强了肌肉对复杂运动模式的适应性。

（四）离心力量练习

离心力量练习，又称为负重训练，是在肌肉长度增加时发生的力量训练形式。这种训练在体育运动中具有重要作用，尤其是在涉及缓冲落地、投掷或突然改变运动方向等动作时，离心力量成为必不可少的能力基础。离心力量训练的主要优点包括促进力量增长，特别是在经历力量发展停滞期时；慢速的离心动作有助于增加肌肉体积；而快速的离心收缩则优化肌肉的爆发力。此外，离心力量训练可以显著提升最大力量，使肌肉在实际运动中表现得更为出色。

（五）超等长练习

超等长练习，通常称为爆发力训练或跳跃训练，侧重于利用肌肉的弹性和牵张反射在最短时间内发挥最大力量。这种练习根据肌肉拉伸和发力的特点，可分为冲击式和拉弹式两类。冲击式超等长练习，如深蹲跳，主要通过高处跳下产生的冲击力迫使肌肉进行离心收缩，从而提高力量和速度。拉弹式超等长练习则涉及通过快速的异侧肌群收缩或克服重力产生的拉力，如使用弹力带或进行抗阻练习，这类动作可以促进肌肉在实际运动中的协调性和力量输出。

五、力量训练的注意事项

力量训练是提升运动表现的核心，针对力量的训练不能盲目开展，没有科学方法的指导，不仅训练效果将会事倍功半，甚至会对身体造成伤害。因此，在开展力量训练时，有几个关键的注意事项需要遵守，以确保训练的安全性、效果和持续性，使得力量训练能够精确规划和达到预期效果。

（一）注意选择正确的训练方式

选择合适的训练方式是力量素质训练的首要任务，因为不同的训练方式对力量的提升有着直接或间接的影响，其效果可以是短期的也可以是长期的。为了使训练效果最大化，教师或教练必须根据运动员的具体需求选择适当的训练手段。例如，全面提升下肢力量的训练可选择下蹲和蹲跳等练习，这些练习能够有效地同时刺激大腿、臀部和小腿的肌肉群。

此外，针对特定薄弱环节的训练应选择更为专门的训练手段。例如，如果小腿肌肉的力量薄弱，就需要增强小腿肌肉的力量，进行负重提踵练习。这种训练可以通过相对固定膝关节的方式，更加专注地加强小腿肌群，从而实现针对性强化。如果选择错误的方式进行训练，就达不到预期的训练目的和效果。正确的训练方式不仅能够提升特定肌群的力量，还可以通过科学的方法避免不必要的伤害和确保训练的全面性。

（二）注意巧妙安排训练组合

单一的训练手段虽然有非常强的针对性和目的性，但往往在某些方面存在局限性和单一性。随着体育教育的开展，人们发现，单项力量训练的效果往往可以通过与其他训练手段的有效组合而得到显著增强，这种多种训练手段的组合可以弥补单项训练的局限，促进运动员力量的全面发展。例如，力量训练与技术练习相结合，不仅能增强肌肉的力量，也能提高技术动作的精确性和效率。同样，力量训练与专项练习的结合可以确保力量增长直接转化为竞技表现的提升。

经过长时间的探索，一些对于力量训练有效的训练组合逐渐被确定下来。力量组合训练的常见形式包括力量与速度的结合、力量与跳跃的结合以及不同负荷和速度（慢速、中速、快速）的组合练习。速度的变化在力量训练中尤为重要，因为它可以帮助运动员在不同的运动速度下都能有效发挥力量，这对于应对比赛中多变的情况非常关键。通过科学地组合这些训练手段，运动员能够获得更为全面和持久的训练效果，优化其运动表现。

此外，在力量训练中，运动员还要注意力量训练与专项技术的正确结合，这是提高专项能力的关键。这种结合不仅仅是简单的力量训练，还是将一般力量训练转化为能直接提升特定技术性能的专项力量训练。常用的有效方法包括利用激活效应、痕迹效应和神经肌肉记忆功能等，这些都有助于加强技术动作和力量输出的协同性。

（三）注意合理确定训练负荷

选择和确定合适的训练负荷是实现有效力量训练的关键因素之一。负荷的大小直接影响训练的效果：负荷过大可能导致动作变形，增加受伤风险和过度疲劳；负荷过小则可能导致训练刺激不足，无法达到预期的训练效果。因此，训练负荷的选择必须考虑训练的阶段和时期，结合运动员的身体条件、技术特点和项目需求。

在实践中，教师或教练和运动员应通过监测训练响应和进度，适时调整负荷大小。例如，初期可以使用相对较轻的负荷以适应训练，随着运动员力量的提高，逐步增加负荷以保持训练强度，同时应考虑负荷对不同类型肌纤维的影响，合理调整以增强快肌和慢肌的训练效果。此外，训练中的恢复时间和间歇也应进行适当管理，以确保肌肉得到必要的恢复并使训练效果最大化。

系统的训练还应注意负荷的逐渐递增和层次性安排。适度的负荷增加可以有效地促进力量增长，而过大的负荷跨度或不合理的训练间隔则可能导致力量增长受阻，甚至出现训练效果的逆转。因此，合理安排训练负荷和恢复时间，保证训练负荷的层级增加、科学增长，是实现最佳训练成效和维持长期训练动力的关键因素。

此外，力量训练的负荷确定还应考虑运动员的发展阶段和年龄层次、身体情况、运动风格、个人性格等。专项力量练习通常要求较高的负荷强度，如果处理不当，可能导致运动员在技术动作上形成错误的动力模式。因此，运动员在训练时应注意动作的准确性，避免过早或不恰当的负荷安排导致技术性错误的固定化。

（四）注意合理规划训练顺序

在力量训练中，合理规划和安排不同的训练顺序对达到最优训练效果至关重要。训练顺序应具有逻辑性，以确保训练内容之间相互支持、相互增效。一般建议从小负荷到大负荷再回到小负荷的方式进行，这有助于身体逐步适应并最终恢复。同时，从大肌肉群到小肌肉群的练习，或者从较慢速度到快速练习的过渡，都能有效提升肌肉的适应性和反应能力。

此外，训练顺序的设计还应考虑长期的训练周期，从核心力量到一般性力量再到专门性力量的递进，可以确保力量基础的扎实与专项能力的提高。力量性练习与速度性练习的合理搭配也是必要的，以实现力量的快速有效转化。这种系统的、有序的训练安排，可以保证训练的效果是可持续的，并最终实现性能的叠加和整合，达到更高的训练层次。

合理规划力量训练的顺序，有利于在进行力量训练时平衡和协调各部位肌肉的发展。这包括大肌肉与小肌肉、主动肌与协同肌及拮抗肌、近端肌肉与远端肌肉之间的协调以及力侧与弱侧、核心力量与四肢力量、前群肌与后群肌之间的平衡。恰当处理这些关系，可以促进全面而协调的力量发展，避免因力量发展不均导致的短板效应或不适当的代偿性动作。实现这种平衡的关键，在于设计全面而综合的训练方案和训练顺序，确保不同肌肉群的均衡发展，同时避免过度训练某一区域而忽略了其他区域。这种方法不仅有助于提高运动表现，还能显著降低因力量不平衡带来的受伤风险。有序的训练安排和科学的负荷管理，可以实现运动员力量的全面协调发展，为高水平的竞技表现打下坚实的基础。

（五）注意重视训练后放松恢复

力量训练，特别是高强度训练，对肌肉系统的挑战极大，能够引起显著的肌肉疲劳、代谢物积累以及功能下降。良好的恢复不仅能够帮助肌肉修复和重建，还能增强训练的持续效果和避免过度训练。因此，放松和恢复在力量训练中也至关重要。

力量训练计划应详细考虑各种恢复周期，包括每组练习间的短暂恢复、课次间的日常恢复（如隔天恢复）以及周期性的长期恢复（结合周期训练中的大、中、小周期恢复）。特别是在赛前，适当的调整和恢复是确保运动员以最佳状态参赛的关键。

恢复策略包括物理方法和心理方法，或者两者的结合。例如，牵拉和使用泡沫轴可以帮助放松紧张的肌肉，促进血液循环，加速代谢废物的清除。此外，采用心理学手段，如冥想和正念练习，可以帮助运动员减轻心理压力，恢复心理状态。在医学和生物学层面，适当的营养补给、水分补充以及睡眠管理都是恢复的重要手段。

（六）注意力量训练的整体性

人体是一个复杂系统。力量训练也不是各种力量类型简单相加的结果，而是在神经系统的精密控制下，通过肌肉、肌群和关节的协调操作共同作用的产物。这种复杂的相互作用确保了人体在面对多样化运动需求时能够有效地应对和适应，也对力量训练的系统性提出了要求。

制订力量训练计划的关键不仅要增强单一的肌肉力量，还要在整个肌肉系统中发掘潜力，通过有序的训练策略和技术手段，逐渐形成一个结构完整、功能完善的力量体系。这要求训练计划必须跨越单一的力量训练，扩展到提高运动员的整体运动性能，包括力量、速度、耐力、协调性和灵活性的综合提升。此外，整体性训练还应该考虑运动员的生理反应、心理状态和生活习惯的影响。良好的睡眠、均衡的饮食、有效的压力管理以及恢复策略都是训练成功的重要影响因素。通过这样的全面考虑，建立一个全方位、多层次的力量训练体系，才能更好地支持运动员面对长时间和多变的运动挑战，使其能够在竞技和训练中表现出最佳状态，达到科学的力量训练效果。

第二节　速度训练体系

一、速度训练的定义与发展

速度是运动员的核心素质之一，它不仅涵盖人体的快速移动能力，还包括快速完成动作和迅速做出反应的能力。针对速度进行系统化的训练和培养，能够显著提高运动员在竞技体育中的表现，尤其是在那些需要快速爆发力的运动项目中，如短跑、足球和篮球等。

在体育教育理论研究和实际应用方面，针对速度训练的研究已成为体能研究的一个重要领域，并且科学技术的发展和研究的深入，使人们对速度训练有了更多的认识和更高效的训练方法。美国国家体能协会出版的《美国国家体能协会速度训练指南》一书将速度素质划分为加速度、最大速度和速度耐力三个部分[1]，每一部分都针对运动员在不同运动阶段的特定需求。此外，汤普森的《教练理论入门》进一步细化了速度能力

---

[1] 美国国家体能协会，杰弗里斯.美国国家体能协会速度训练指南：修订版[M]. 沈兆喆，译.2版.北京：人民邮电出版社，2019：3.

的分类，将速度能力分为最大速度、最佳速度、加速度、反应时间和速度耐力五种类型[①]，并强调了在人的生长发育过程中存在着提升速度能力的"机会窗口"。这意味着在特定的发育阶段，适当的训练可以最大限度地提高速度能力。在我国，学者通常将速度素质分为反应能力、快速移动能力和快速完成动作的能力，这一分类为更系统地研究和训练各类速度素质提供了可供借鉴的标准。

最初，速度训练主要关注田径运动，特别是在跑步、跳跃等项目中提高身体的整体周期性移动速度。这一阶段的速度训练以提升运动员的短距离爆发力和持久性为核心，注重技术和身体能力的同步发展。

随着时间的推移和科学研究的深入，速度训练逐渐从田径运动扩展到其他体育项目。研究者、教师和教练开始认识到速度素质在所有运动项目中都是极为重要的，无论是球类运动还是力量和技巧类项目。例如，在足球、篮球、网球等球类运动中，移动速度、进攻速度、击球速度、反应速度和动作速度都是决定比赛成败的关键因素。此外，投掷类运动（如铅球、标枪）也同样需要高速的动作来实现更远的投掷距离。

在现代体育竞技中，速度训练已经成为各项运动专项训练不可或缺的一部分。它不仅关系到运动员的表现，还影响着比赛的观赏性和竞争性。以美国职业篮球联赛（NBA）为例，其快节奏和高强度的竞技状态展示了速度与身体对抗的紧密结合，使比赛充满了激情和不确定性，极大地吸引了全球观众的注意。

此外，速度训练的科学性和系统性也在不断提高。现代速度训练涵盖了从基础体能训练到高级技能训练的全方位方法，包括力量训练、技术练习、策略应用和心理调节等。运动科学家致力于研究如何在不同的发展阶段、不同的运动类型以及不同的个体条件下优化速度训练，以达到最大的训练效果。

---

① 汤普森.教练理论入门 [M].张英波，孙南，译.北京：北京体育大学出版社，2011：99.

速度训练的科学性不仅体现在对不同速度类型的认识和训练方法上，还体现在如何利用这些理论指导实际训练。理解速度的多维性质和发展规律以及如何在训练中合理应用这些理论，是增强训练效果的关键。教师、教练和运动员必须充分认识到速度训练的重要性，并结合具体的运动项目和运动员个体差异来制订和实施训练计划。

二、速度训练体系的构成

速度训练体系是一个复杂的多层级系统，主要有以下几个组成部分，如图 6-2 所示。

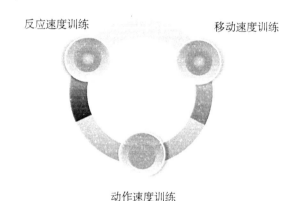

图 6-2　速度训练体系的构成

（一）反应速度训练

反应速度是指人体对环境中的各种信号刺激（如声音、光线、触觉和味觉等）的快速应答能力，本质是从接受刺激到肌肉开始做出反应的时间间隔，这通常被称为反应潜伏期。这种能力在许多运动项目中尤为重要，尤其是在需要快速反应对抗的体育竞赛中，是速度训练需要着重进行训练的技能。

虽然反应速度在很大程度上受到遗传因素的影响，但它也具有可塑性。合理且系统的训练，可以最大化地发挥遗传潜力，并达到个体的最佳反应速度表现。

构成反应速度训练的内容众多，包括注意力的集中程度、身体的即时机能状态、对信号刺激的认知与判断力、反应性动作技能的储备以及动作效率和人体感受器的敏感程度等。为了提高反应速度，运动员须针对上述各方面进行专门的训练。例如，通过模拟比赛中可能遇到的各种刺激进行训练，运动员可以提高对特定信号的认知速度和判断力，同时通过反复练习特定的动作，提高神经肌肉系统的协调性和效率。此外，提高身体感受器的敏感性也是关键，这可以通过多感官训练来实现，如使用不同的视觉和听觉信号训练运动员的反应能力。

（二）动作速度训练

动作速度是速度系统中的另一个关键组成部分，它指的是人体或其部分在执行单个动作或一系列连续动作时的速度以及在单位时间内重复这些动作的次数。动作速度不仅关系到运动员在特定技术动作中的表现，而且在很大程度上影响着整个比赛的成绩表现。在体育领域，无论是单个动作（如击球），还是成套动作（如体操动作的连贯性），动作速度都起着至关重要的作用。

动作速度的训练优化依赖几个核心因素的综合作用。首先，神经肌肉系统的激活状态至关重要，这涉及神经传导的速度和效率以及肌肉对这些神经信号的响应速度。其次，快肌纤维的参与程度也极其关键，因为快肌纤维能够提供更快的收缩速度，从而提高动作的速度。最后，爆发力水平直接影响动作的起始速度，这在需要快速发力的项目中尤为重要，如短跑的起跑和跳高的助跑。因此，速度训练要着重挖掘相关内容，进行有针对性的动作速度训练。

此外，动作的熟练程度和协调性也不容忽视。技术的熟练掌握可以减少运动中的不必要动作，使每一个动作都更加高效，而良好的协调性可以确保动作的连贯流畅，从而在不增加额外劳动强度的情况下提升动作速度。为此，运动员需要通过大量的技术练习掌握动作技能，同时通过模拟训练增强在实际比赛情境下的动作表现。

除了单个动作，成套动作速度也是动作速度训练的重要构成部分。成套动作速度涉及一连串动作的整体执行速度，如体操运动中的一套动作或足球运动中的一连串带球突破动作等。这种速度的关键在于动作之间的流畅过渡和整体的快速执行，它要求运动员不仅在单个动作上表现出色，还需要保持动作间的协调和连贯，如果不能把单个动作有效串联起来，那么整体的动作速度必然会受到影响。

（三）移动速度训练

移动速度，也称为位移速度，是指在单位时间内人体重心移动的距离。这种速度对于许多运动项目至关重要，无论是短跑运动员的跑步速度、跳高运动员的助跑速度，还是足球、篮球等球类运动中运动员的场上移动速度，都直接影响竞技表现的效果，因此移动速度训练也是速度训练体系的重要组成部分。

移动速度训练的相关内容比较多，其受多个生理和技术因素的综合影响。其中，神经肌肉系统的灵活性是基础，它决定了肌肉反应的速度和运动的流畅性。运动员需要通过专门训练，如敏捷性训练和反应速度练习，来提高这一系统的效率。

肌纤维的比例及肌肉的协调放松能力对移动速度同样有显著影响。运动员的肌肉组成，尤其是快肌纤维的比例，决定了他们进行快速移动的潜能。此外，肌肉的协调放松能力，即在运动中有效控制肌肉收缩和放松的能力，可以提高运动效率，减少不必要的能量消耗。快速力量水平，即肌肉在短时间内产生最大力量的能力，也对移动速度至关重要。这通常通过爆发力训练来提高，如进行跳跃、短跑和抛投等训练。

能量储备也是提高移动速度的一个关键因素，是速度训练需要着重关注的内容。运动员的能量系统必须能够快速且持续地供应足够的能量，以支持高强度和高速度的运动。这要求运动员有良好的营养状态和能量代谢机制。

人体各器官系统的协同配合以及移动技术的合理性也是不可忽视的方面。技术的优化，如步伐的调整和运动路径的优化，可以显著提高移动效率。运动员需要通过技术练习来磨炼这些技巧，确保在比赛中能够以最有效的方式移动。

三、速度训练的影响因素

速度训练是许多运动项目中提高表现的关键要素。它不仅关乎运动员的表现，也直接影响比赛的结果。深入了解和分析影响速度训练的各种因素，能够帮助教师、教练和运动员找出影响速度训练的原因，有助于科学制订训练计划，优化训练方法，确保运动员能够在安全的环境中进行高效的训练，从而达到最佳的训练效果。速度训练的影响因素有以下几个，如图 6-3 所示。

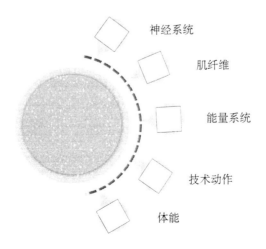

神经系统

肌纤维

能量系统

技术动作

体能

图 6-3 速度训练的影响因素

（一）神经系统

速度作为体育运动中的一项核心综合能力，受到多种生物学和训练相关因素的影响。在这些因素中，神经系统的支配能力是对速度影响最直接且最关键的因素之一。

神经系统的功能主要通过控制骨骼肌的活动来实现，这一过程涉及神经冲动的产生和传递，进而驱动肌肉收缩和放松，完成各种运动。在速度训练中，神经系统的效率尤为重要，因为它直接影响运动员能多快地启动肌肉收缩以及他们对动作的快速切换能力。

神经系统的基本活动包括两个互为补充的过程：兴奋和抑制。兴奋过程是指神经元从静息状态变为活跃状态，而抑制过程则是其从活跃状态回到静息状态。神经系统对这两种状态的管理能力，决定了肌肉反应的速度和准确性，从而直接影响速度的表现。更具体地来说，神经系统对肌肉的支配能力包括冲动的频率、强度以及神经信号的传导速度。神经冲动的频率和强度越高，肌肉收缩的力量和速度就越大。同时，传导速度的快慢决定了信号从神经系统到肌肉的反应时间，这对于需要快速反应的运动尤为关键。

有针对性的训练，如神经肌肉训练，可以显著提高神经系统的支配能力。这类训练通常包括复杂的协调性和敏捷性训练，旨在提高神经命令的传递效率和肌肉反应速度。通过这种方式，运动员不仅能提升其速度素质，还能在竞技表现中更好地控制和调整其动作。

因此，理解并优化神经系统的支配能力，是提升速度素质和整体运动表现的关键。科学的训练方法和适当的生理支持，可以有效地提高这一能力，从而在高速的运动中获得优势。

（二）肌纤维

肌纤维的组成是影响速度训练的一个关键因素。人体的肌肉纤维主要分为两种类型：快肌纤维和慢肌纤维。这两种肌纤维具有截然不同的生理特性，对运动性能的影响也不同，它们不仅会影响力量训练，也会影响速度训练。

快肌纤维生成力量大且速度快，但这种类型的肌纤维疲劳速度也相对较快。因此，快肌纤维特别适合需要短时间内爆发大力量的运动，如短跑、跳远和抛掷项目。相对地，慢肌纤维虽然力量输出较小，但它们能够进行更长时间的工作而不易疲劳，特别适合长距离跑步、游泳或骑行等耐力要求高的活动。

人体中肌纤维类型的比例在很大程度上由遗传因素决定。例如，某些人天生具有较高比例的快肌纤维，使他们在速度和力量的运动中表现出色；而其他人则拥有更多的慢肌纤维，更适合进行耐力类项目。研究表明，优秀的短跑和跳跃运动员的快肌纤维比例可以达到80%，而长跑运动员的慢肌纤维比例同样可以达到80%。

尽管遗传因素起着主导作用，后天的训练也能显著影响肌纤维的功能和比例。特定的训练程序可以诱导肌纤维类型的转换，即将一种类型的肌纤维转变为另一种，以适应特定的运动需求。例如，高强度的间歇训练可以促进某些肌纤维从Ⅱx型（一种快肌纤维的亚型）向更有耐力的纤维转化，这对于提高速度和爆发力非常有利。

因此，理解并优化肌纤维的组成对于制订有效的速度训练计划至关重要。通过精确调控训练的类型和强度，教师和教练可以帮助运动员改善其肌肉特性，从而在其专项运动中取得更好的成绩。这种对肌纤维特性的深入理解和在训练中的应用，是现代运动训练科学发展的一个重要方向。

（三）能量系统

能量系统即人体的供能系统，是影响速度训练效果的另一个关键因素。人体在运动过程中需要不断消耗能量和不断补充能量，如果不能及时补充，就会影响运动速度。

人体的能量供应系统比较复杂，不同的能量供应系统可发挥不同的作用。例如，磷酸原系统能够迅速供能，但供能持续时间较短，大约只能维持 8 秒。这种特性使得磷酸原系统非常适合那些需要短时间内爆发极大力量的运动，如短跑和举重。在这些运动中，快速而强烈的能量释放是取得优势的关键。

而糖酵解系统处于能量供应的中间状态，能够提供持续时间稍长的能量，但由于乳酸的积累会导致机体疲劳。糖酵解系统的能量供给通常能维持大约 1 分钟（有研究提出可能仅 45 秒左右），这使其适合中等时长的高强度运动，如 400 米至 800 米跑。

有氧氧化系统供能虽然较慢，但能持续供能数小时，适合长时间的耐力运动，如长跑和铁人三项。这一系统通过有效的氧气利用，能持续分解脂肪和碳水化合物来供能。

为了提高速度能力，提升磷酸原系统和糖酵解系统的供能能力成为关键任务。能量系统具有一定的先天性，受到个体基因的影响。例如，有些人天生脾胃较弱，这影响了他们的消化吸收能力和整体能量代谢效率。然而，尽管基因设定了某些生理参数的起点，但是后天的生活方式、饮食习惯以及适当的体能训练都可以在一定程度上弥补这些先天不足。通过合理的饮食调理、规律的运动和适当的休息，即使是天生脾胃较弱的人也能显著提高他们的能量利用效率和整体健康状态，促进能量系统的发展。

有效的训练应当能够增强以上 3 个系统的功能，尤其是在需要快速和强烈能量输出的运动中。例如，间歇训练可以提高磷酸原系统和糖酵解系统的反应速度和效率，而耐力训练则有助于提高有氧系统的效能。因此，综合和科学地训练这些能量系统是提高速度和整体运动能力的关键。此外，科学的训练计划还应包括采取措施来提高以上 3 个系统之间的协调和效率，使运动员在不同强度和持续时间的运动中都能保持最佳表现。有针对性地训练这些能量系统，可以极大地提升运动员的整体表现。

（四）技术动作

技术动作是影响速度训练成效的重要因素之一。在体育运动中，技术的经济性、实效性和合理性是评价运动技术的 3 个关键指标。优秀的运动技术不仅姿势优美、协调，符合运动标准，能够实现预期目标，还能以最少的能量消耗达到最佳的速度运动效果。

动作的正确、协调是技术经济性和实效性的基础。只有当技术动作正确、肌肉用力方式合理、节奏变化得当时，运动员才能以最经济的方式达到最佳的运动速度。这种技术动作不仅依赖正确的动作执行，还受到神经系统的灵活性、心理素质、肌肉的本体感觉和速度耐力等综合因素的影响。因此，在训练中，完善肌肉的协调与放松能力，提高中枢神经系统的灵活性是提高速度技术性的重要方向。此外，技术动作是否合理也会影响力量和速度的发挥，进而直接影响运动技术训练的整体效果。运动技术训练必须融合力量和速度的因素，力量和速度训练也必须充分体现专项动作技术的特征，实现力量、速度和技术的一体化提升。技术动作不合理也会反向影响速度以及速度训练的成效。例如，短跑运动员如果具有出色的下肢爆发力和发达的髂腰肌、大腿后群肌，则能够展示出快速的前摆后扒动作和短暂的触地时间，这是优秀的短跑技术的表现。相反，技术动作不合理，就会出现如"坐着跑"或"高抬腿跑"的现象，影响速度的发挥。在网球等项目中，运动员的体能和爆发力直接影响击球和移动的速度。一些篮球队员因其出色的爆发力，能够执行高效的跳投技术，而另外一些运动员只能采用较不理想的跳投方式。因此，不断提高技术动作的合理性是持续提升技术层次的必要条件。通过有针对性的训练计划，提高技术动作的合理性和协调性，运动员可以有效地提升其技术表现，达到更高的竞技水平。

（五）体能

体能也是影响速度训练效果的关键因素之一，对运动员的技术表现具有决定性影响。体能不足，如力量不足、耐力下降、反应迟钝或协调性差等，会直接导致运动员在执行技术动作时出现误差，无法达到最佳动作模式，如在篮球或足球运动中，精准的传球和射门技术很大程度上依赖运动员的身体体能。在长距离运动如马拉松中，虽然看似速度较慢，但实际上也是一种速度表现和比拼——一种持续维持特定速度的能力。在速度型比赛，如短跑、游泳或自行车运动中，体能的重要性更无须多说，无论爆发速度多快，技术多么高超，如果后期体能不足，起跑、加速和维持高速的能力会受到影响，技术表现必然会受限，从而影响整体表现。

强化体能训练是提高速度的基础。因此，训练人员需要针对运动员的个体差异和具体运动需求，制订综合、系统的训练计划。此外，适当的恢复和良好的营养也是体能训练中不可忽视的部分，它们能确保运动员从训练中获得较大的收益，并减少受伤的风险。

四、速度训练的注意事项

（一）加强爆发力的速度训练

在速度训练中，突出以爆发力为主的快速力量是至关重要的第一步。爆发力是力量素质在运动中的极致体现，尤其是在周期性短距离项目，如短跑、跳远等中极其关键。这种力量类型表现为在非常短的时间内发挥最大的力量，从而达到最快的启动速度和最快的移动速度。爆发力可以通过公式 $P=F \times v$ 来表示，其中，P 代表功率，F 代表力量，v 代表速度。这表明，力量和速度都是提升爆发力的关键因素。因此，训练应该聚焦于如何在尽可能短的时间内使力量输出最大化，这不仅是力量的绝对值提升，还是力量释放速度的优化。

在实际训练中，组合训练是提高爆发力的一个有效策略。这种训练通常包括力量训练和快速动作的结合。例如，进行传统的重量训练后立即执行相关的快速动作训练，如举重后进行跳跃或短跑。这种训练有助于提高神经肌肉的协调能力，使肌肉能够更快地响应并生成力量。反应力训练也是提高爆发力的一个关键组成部分。这种训练强调在特定刺激下迅速做出反应。例如，从静止状态突然开始跳跃或短跑。这样的训练有助于提高运动员在实际比赛中对突发情况的反应速度和爆发力。

功率训练则专注于同时增强力量和速度，通过举重等形式，训练运动员在动作的每个阶段都能产生最大的功率输出。这种训练不仅提升力量，更重要的是还提升了力量的发展速度，即力量快速到达峰值的能力。通过科学的训练方法，运动员可以在竞技表现中实现速度和力量的最佳结合，从而达到更优的成绩。

（二）合理调配能量供应系统训练

在速度训练中，合理发展磷酸原系统、糖酵解系统和有氧氧化系统对提升运动员的整体表现至关重要。这 3 个能量供应系统虽然在运动生理学中各司其职，但它们实际上是密切相连、相互依赖的，以应对不同的运动阶段和强度。完整且协调的发展不仅增强了运动员在各种竞技环境中的适应性，还提高了能量利用的效率，确保在高强度或持久性运动中不会因依赖单一的能量系统而快速耗尽能量。

合理发展 3 个能量供应系统的策略涉及分阶段的训练计划设计。只有结合不同种类和不同目的的训练类型，才能有效地同时利用 3 个能量供应系统。例如，要通过长距离跑步等有氧运动增强运动员的耐力和恢复能力，主要应强调有氧氧化系统的发展。而针对爆发力的训练，训练的重点应转向磷酸原系统和糖酵解系统，通过短跑和爆发力训练激活这两个系统，以提高运动员的速度和爆发力。

监测和调整训练计划也是合理发展能量供应系统的关键。通过生理反馈工具，如心率监测器和乳酸分析仪，教练可以评估训练的效果，并根据运动员的具体反应调整训练强度和恢复策略。正确的营养支持也是不可或缺的，以确保运动员摄入足够的碳水化合物和蛋白质，支持能量供应系统的高效运作和及时恢复。

（三）注意克服速度瓶颈障碍

速度瓶颈障碍是许多运动员在达到较高速度水平后经常面临的挑战，表现为在一定阶段内速度长时间停滞不前，甚至有所下降，不再提高。这种现象并不仅限于跑步速度，在所有需要速度表现的动作中都可能出现。速度瓶颈障碍通常是因为运动员在达到一定的速度水平后，其动作模式、步频、步幅和节奏等变得相对固定，技术上达到了一个稳定状态，同时在神经中枢形成了动力定型，使进一步的提升变得困难。

为了克服速度瓶颈障碍，教练需要及时调整训练策略，改变传统的训练方法和负荷要求。首先，训练手段应该多样化，特别是要注意引入阻力和助力的方法，如进行上坡和下坡跑、牵引跑等，这些方法可以改变运动员的动作习惯，促进技术的进步。其次，加强基本技术的训练也是突破速度瓶颈障碍的关键。基本技术训练通常涵盖对运动员的步伐、姿态、呼吸和节奏的精细调整。这些技术的优化可以直接影响运动效率和速度的提高。例如，在跑步训练中，教练应着重指导运动员调整脚掌的落地方式，确保从脚跟向脚尖的过渡顺畅，以减少地面反作用力的影响。同时，调整运动员的身体前倾角度和手臂摆动的幅度和速度，可以进一步提高其前进速度和速度稳定性。

在这一过程中，运动员还应注意选择结构相同或相似的动作来提高速度，因为不同结构的动作之间速度的转移通常很难实现。例如，跑步训练中获得的速度提升，不一定能直接转移到投掷等技术动作中。因此，有针对性的训练是关键，每一种运动或项目都应根据其特定需求制订特定的训练计划。

对于其他项目，如投掷项目的速度障碍，处理方法类似，也需要通过技术调整、力量和弹性的提升以及训练手段的创新实现速度的突破。

总之，教练在面对速度瓶颈障碍时必须灵活调整训练方案，采用综合的方法激励运动员突破现有水平，从而持续提升竞技表现。

（四）适当进行恢复和调整

适当的恢复是速度训练中不可忽视的一个环节。高强度的速度训练对运动员的肌肉组织和神经系统都是极大的挑战，恢复的重要性体现在它能帮助运动员修复肌肉损伤、缓解疲劳并降低过度训练的风险。有效的恢复策略不仅能够加速肌肉组织的修复过程，还可以提升运动员的训练效果和比赛表现。

睡眠是最自然也是最有效的恢复方式之一。充足的睡眠有助于身体恢复，提高神经系统的效率，这对于恢复运动期间消耗的能量和修复肌肉微损伤至关重要。除了被动休息，如充分的睡眠和完全的休息日之外，积极的休息方式，如轻度的活动和伸展运动，有利于提高血液循环，加速废物的清除，从而减轻肌肉疲劳和僵硬。瑜伽、游泳和轻松的慢跑可以在不施加过多压力的情况下帮助肌肉放松，增进整体的血液循环和灵活性。速度训练后的营养补充对于恢复至关重要。摄入足够的蛋白质有助于肌肉修复和建设，而碳水化合物则能补充体内耗尽的能量储备。此外，补充适当的电解质和水分也非常关键，特别是在高强度训练或比赛后。按摩、冰敷或热敷等可以促进血液循环，减少肌肉疼痛和疲劳，加快恢复过程。使用泡沫轴等自我按摩工具也是一种有效的恢复手段。

结合这些恢复策略，运动员可以确保他们的身体和心理在经历高强度的速度训练后得到充分的恢复，从而保持训练的连续性和提高未来训练的效果。正确的恢复不仅有助于提高即时的训练效果，从长远来看，还能提高运动员的职业生涯的持久性和成功率。此外，保持适当的水合状态和电解质平衡也是提高表现和避免疲劳的关键。

（五）加强心理素质训练

速度训练在体能挑战之外，对运动员的心理素质同样提出了高要求。

为了克服训练中的困难和挑战以及在比赛中达到最佳表现，运动员必须进行系统的心理准备。以下几个方面可以帮助运动员在速度训练和竞赛中保持高效表现。

1.明确的目标设定是心理训练的基础

运动员应该设定具体、可衡量、可达成、相关性强和时间限定的（SMART）目标。这些目标不仅应包括长期目标，如赛季或年度的成绩目标，还应包括每次训练的具体目标。这种方法有助于运动员保持动力和专注，同时目标的实现也能带来正向反馈，增强信心和动力。

2.积极的自我对话可以显著提高运动员的表现

通过有意识地调整内在对话，从消极的自我批评转变为支持性和激励性的言语，运动员可以更好地应对训练和比赛中的压力。例如，将"我做不到"转变为"我可以尝试"，这种简单的言语转换可以改变运动员的心理状态，增强应对挑战的能力。

3.视觉化是一种强大的心理训练技巧

它是指在心中形象地想象训练和比赛中的动作执行和成功场景。通过定期练习视觉化成功的情景，运动员可以在心理上预演整个动作流程，减少实际执行时的心理压力。此外，视觉化成功的情景可以帮助运动员增强自信和调动积极情绪，这对于应对比赛中的不确定性和压力尤为重要。

4.学习控制呼吸和进行放松练习是心理准备的重要部分

在高压力的速度训练和比赛前，运用深呼吸等放松技术可以帮助运动员降低焦虑，保持冷静，从而更好地控制比赛和发挥技能。

5.训练和比赛后的心理回顾很重要

运动员和教练应共同分析每次表现，识别心理上的强项和改进点。这不仅有助于从失败中恢复，也可以巩固成功体验，为应对未来的挑战建立心理基础。

五、速度训练的方法

按照速度类型的不同，速度训练有不同的训练方法，下面分类别进行阐述。

（一）反应速度训练常用方法

简单反应速度训练是提升运动员对突发事件反应能力的有效方法，常见的训练方法涵盖了完整练习法、分解练习法、变换练习法、运动感觉练习法、复杂反应速度训练法等，如图 6-4 所示。这些训练方法的共同目标是缩短反应时间、提高精确性和增强运动员对不同刺激的适应能力。

图 6-4　反应速度训练常用方法

1. 完整练习法

在完整练习中，运动员反复强化已经掌握的单一动作或成套动作，以提高对突然信号的快速和完整响应。这包括反复进行蹲踞式起跑，根据特定信号迅速改变动作方向，或者根据对手的动作做出系列反应。例如，运动员对快速移动的目标做出迅速而完整的反应，这种训练有助于提高其在实际比赛中的反应速度和动作质量。

2.分解练习法

分解练习涉及将完整动作细分为若干环节，专注于其中的某一部分进行有针对性的训练。这种方法允许运动员在没有全面压力的情况下练习特定技能，如专门训练蹲踞式起跑的不同姿势，逐步过渡到完整的起跑动作，或者加强向前、后、左、右转身跑的转身动作，从而精细地提高特定技能的执行质量。

3.变换练习法

变换练习则通过改变信号刺激的形式和应答方式，如使用视觉、听觉或触觉信号以及要求运动员进行反口令或特定动作响应，来增强运动员的适应性和反应多样性。这种训练不仅提升了感觉器官的功能，缩短了反应时间，还增加了训练的积极性和多样性，使训练过程更加生动和有效。

4.运动感觉练习法

运动感觉练习侧重于提高运动员对自身动作的感知和控制能力。在跑步项目中，运动员通过反复试验在规定时间内完成指定距离的训练，能够更准确地评估和调整自己的速度和节奏。在投掷项目中，运动员在非全力状态下投掷指定距离，有助于他们提高对肌肉用力的感觉和对动作的精细控制。

5.复杂反应速度训练法

复杂反应速度训练是针对那些在竞技体育中需要快速做出决策并执行复杂动作的运动员设计的。这种训练包括移动目标练习和选择动作练习两大部分，以提高运动员的感知、判断、决策和动作执行能力，从而在实际比赛中能更快、更准确地响应复杂情境。

在移动目标练习中，运动员从感知到完成动作经历4个阶段：感知、判断、选择方案、完成动作。这种练习要求运动员注意移动目标在位置、方向、速度和轨迹等方面的变化，并能够对这些变化做出快速反应。为了增强训练的有效性，这种练习通常会有意识地增加外部变化因素，如增加移动目标的数量，引入人为干扰或加强对抗性因素等。这样的训练不仅提升了运动员的动态视觉跟踪能力，还增强了他们在压力和干扰下做出快速决策的能力。

选择动作练习则专注于提升运动员在比赛情境下的决策能力。由于专项比赛的复杂性，运动员在比赛中常常需要在短时间内从多个可能的动作中做出选择。这种训练通过增加反应过程中的选择和难度，促进中枢神经系统的分析和辨别能力，从而缩短反应时间。在训练中，教练会引导运动员根据对手的动作和策略合理预判，提高他们的反应和行动能力。通过模拟比赛中可能遇到的复杂情况，如对手的快速变化动作或战术，运动员可以学习如何快速分析情况并做出最佳反应。

通过系统的训练，运动员可以提高感知精度、决策速度和动作效率，在高压力和快速变化的比赛环境中保持冷静和控制，从而在竞技场上获得优势。这种训练的成功实施依赖精心设计的训练计划和持续的练习，以确保运动员能够在真实比赛中自然地应用这些技能。

（二）动作速度训练常用方法

常用的动作速度训练方法有以下几种。

1.加速动作法

加速动作法是提高运动速度的一种常见且有效的训练方法。此方法锻炼从静止状态开始到达最大速度的加速过程，广泛应用于各种体育项目中，如铅球运动员在滑步过程中的加速、体操运动员在跳马前的助跑等。这种训练关键在于，通过增加运动速度有效地提升运动员的力量输出，进而促进整体动作速度的提高。例如，在举重领域，世界纪录被不断刷新，不仅得益于现代力量训练方法的不断创新和优化，还与运动员速度的提高紧密相关。20世纪50年代，抓举动作中杠铃的最大上升速度为1.8米/秒；而到了20世纪80年代，这一速度已经提升到2.5米/秒。

类似地，挺举中的最大速度也从 1.6 米／秒提升到了 2.2 米／秒，这种速度上的提升无疑促进了更好整体运动成绩的取得。

在实施加速动作法时，训练应着重于如何从较慢的速度平滑过渡到高速运动，这一过程不仅要求运动员具有良好的基础体能，还需要技术上的准确执行。教练和运动员应结合专项的技术需求，设计具体的加速练习，如逐渐增加助跑的速度或通过特定的力量训练提高起步的爆发力。此外，教练可以采用辅助训练设备，如阻力绳或加速器等工具，帮助运动员在训练中达到更高的速度，从而在比赛中实现更快的起动和加速，有效提升竞技性能。

2. 减少阻力法

减少阻力法是提高动作速度的另一种有效训练手段，主要通过减少外界环境的自然阻力或减轻运动员体重带来的阻力实现。这种方法可以让运动员在较轻松的条件下提高速度感知能力，同时优化技术动作的执行。

在运动训练中，减少阻力法常见的应用包括在自行车或赛跑训练中利用顺风条件，在游泳训练中利用顺水条件，在下坡跑、下坡骑自行车时借助地势的下降减少阻力。这些条件可以自然减少空气或水的阻力，使运动员能够在不同于平常的环境中体验到更高速度的运动感觉，从而有效提升运动员的速度感知和快速反应能力。

对于体重阻力的减少，一种常用的方法是使用辅助设备，如助力带或阻力伞。在体操等需要高度精准的运动中，教练或同伴可以通过护掌或助力带直接辅助运动员，帮助他们在较轻的状态下完成复杂技术动作。这不仅有助于运动员在技术练习中达到更高速度，还可以在实际比赛中更好地掌握技术的执行。

在实施减少阻力训练时，运动员也可以通过减少训练中使用的重量达到目的。例如，在进行负重练习，如举重或抗阻力训练时，适当降低重量，运动员在维持正确技术动作的同时，能够以更快的速度完成动作。

这种训练策略不仅能促进速度的提升，还能增加运动员的动作灵活性和协调性，进而提升整体的运动表现。

3.效果延伸法

效果延伸法，也称为"后效作用法"，是一种先进的运动训练方法。这种方法主要通过增加初期负重，然后在关键时刻减轻负重实现速度的提升，利用"后效作用"或运动后的惯性提高动作速度，从而增强运动员的速度感知和动作执行能力。

效果延伸法有一定的理论基础，依据的是神经肌肉的适应性和可塑性，即肌肉在经过一段时间的加强负重训练后，去除额外负重时，会因为适应了更高的负荷而在一段时间内维持较高的输出速度。例如，在弹跳力训练中，运动员初始穿着沙背心进行多次跳跃。这种负重跳跃训练增强了肌肉的力量和爆发力，当去除沙背心后，运动员会感受到身体更为轻盈，从而在一段时间内实现更快的跳跃速度。同样的原理也适用于铅球等体育项目训练，运动员先用比标准重量更重的铅球进行推投，之后转而使用标准重量的铅球，这样在比赛中推出的速度更快。

当进行训练设计时，负重的大小需要根据运动员的能力和安全标准精心选择，通常负重不宜超过运动员最大承受能力的30%。负重训练应该在一个训练周期中逐步增加，随后在比赛前几周逐渐减少负重，使肌肉能够适应并保持高速度的输出。此外，负重训练的频率和每次训练中负重与非负重练习的比例应该根据运动员的训练阶段和体能状况调整。训练中应持续监测运动员的速度变化和身体反应，通过定期的速度测试和肌肉力量测试评估训练效果。如果训练结果未达到预期，则需要调整负重的大小、训练的频率或运动后恢复的方法。

通过结合神经肌肉适应性的训练方法，效果延伸法不仅可以提高运动员的动作速度，还能增强其整体运动表现，使运动员在竞技场上能够更好地发挥其潜力。

4.组合训练法

组合训练法不仅能够避免单一训练方法的局限性，还能通过各种训练方式的优势互补，实现运动员在力量、速度和技术上的全面发展。这种训练策略使运动员能够更好地适应复杂多变的比赛环境，提高其整体竞技能力。例如，负重训练与不负重训练的结合。单一的负重训练虽然有效提高了力量和肌肉量，但可能导致运动员的速度和灵活性不足，因为重量训练往往会提高肌肉质量和密度，而过度的肌肉质量会降低动作的速度和敏捷性。相反，单一的不负重训练虽然能够提升速度和协调性，但可能缺乏增强肌肉力量和耐力的训练，这对于需要高强度肌肉力量输出的运动项目来说是不够的。负重和不负重组合训练则可以弥补各自方法的缺陷。负重训练通过增加额外重量，强迫肌肉以更大的力量进行收缩，这样可以有效地增强肌肉的力量和体积，从而提高运动员的力量基础。随后进行的不负重训练，由于之前已经增强了肌肉力量，运动员可以在没有额外重量的影响下，以更快的速度进行动作，这样不仅可以提升速度，还能保持动作的灵活性和精准性。这种快速的动作执行在实际比赛中是非常有利的，尤其是在需要快速反应和高速移动的运动项目中。

具体的体育训练要根据训练的目的和运动员的身体条件等因素，进行不同训练法的组合，以达到相互促进的效果，充分提高运动员的能力。

（三）移动速度训练常用方法

常用的移动速度训练方法有以下几种，如图 6-5 所示。

发展力量法

变速变向练习法

器材辅助法

图 6-5　移动速度训练常用方法

1.发展力量法

发展力量训练对于提升移动速度的效果具有直接且关键的影响。从生物力学的视角来看，运动速度的提升依赖肌肉力量的增加。力量是推动身体从一点移动到另一点的基础动力。在运动中，特别是短跑等速度要求高的项目中，强大的肌肉能够更有效地克服外界阻力，如空气阻力和摩擦力，从而加速身体的移动速度。肌肉群的力量越大，推动身体前进的能力越强，相应的运动速度也就越快。

力量训练通过增加肌肉的横断面积（肌肉肥大）和提高神经系统的激活效率，从而提高肌肉的力量输出。这种肌肉的适应性变化意味着肌肉单位在每次收缩时能产生更多的力量，这对于所有需要快速爆发力的运动都是至关重要的。例如，在短跑中，力量强的运动员能够在起跑和加速阶段迅速提高速度，因为他们的肌肉能够快速且有效地产生大量力量。

力量训练还涉及肌肉的快速收缩能力的提升，特别是增强快速收缩肌纤维。这种类型的肌纤维对于速度和力量运动特别重要，因为它们能够在短时间内产生巨大力量。通过有针对性的力量训练，如爆发力训练和速度力量训练，运动员的快速收缩肌纤维得到优化，使其在实际比赛或运动中能够更快地启动和加速。

力量训练还可增强关节和韧带的力量和稳定性，这对于保持高速运动中的技术正确性和防止受伤非常关键。强化膝关节和踝关节的力量，能够提高这些部位的力量和负荷承受能力，从而在高强度和高速度的运动中，如跑步和跳跃，确保运动技术的准确性和身体的安全。因此，力量训练法也是经常用来训练移动速度的方法。

2.变速变向练习法

变速变向练习是提升运动员移动速度和灵活性的一种高效训练方法，它涉及在不同方向和速度下进行连续的运动变化。这种训练方式特别适合需要快速反应和方向改变的体育项目，如足球、篮球和网球等。通过变速变向练习，运动员能够在实际比赛中更好地控制身体动作，提高对突发情况的应对能力。

具体的变速变向练习可以通过多种具体的练习形式实现。例如，三角移动练习是在地上摆放三个相距 5 米到 10 米的标志物形成的三角形，运动员需在这些标志物之间进行各种步法的变速和变向移动。这种练习不仅可以提高运动员的速度，还能增强其灵敏性，因为运动员需要快速地做出反应并改变运动方向。

另一种练习是长短往返跑，在一条直线上摆放四个标志物，每个标志物间隔 3 米到 5 米。运动员从第一个标志物起跑，依次触碰第二、第三和第四个标志物，并返回到起点。这种往返跑不仅训练了速度，也锻炼了转身和快速启动的能力。

摸球台移动是乒乓球运动员常用的训练方法。运动员可以使用一张或两张球台，利用球台的两个台角进行练习。在听到信号后，运动员需要迅速变换步伐，往返触碰球台角。这种训练有助于提高步伐的快速变化和方向调整的能力。

"后退跑＋转身冲跑"和变向起跑是训练运动员急速转身和加速的能力。在"后退跑＋转身冲跑"中，运动员背对前进方向，听到信号后退大约 20 米，到达标志物后迅速转身冲刺 20 米到 30 米。变向起跑则要求运动员从背向站立或蹲立状态，听到信号后迅速转体 180 度，形成半蹲式起跑姿势，然后加速前进 20 米到 30 米。

蛇形跑和穿插跑也是常用的锻炼移动能力的方法。蛇形跑通过在场地上画出 3 个相交的半圆弧线，运动员需要沿着这些弧线从起点跑到终点，正确运用弯道跑技术。穿插跑则模拟比赛中的场景，运动员在纵队行进间慢跑，间隔 2 米，听到信号后，排尾的运动员需要快速跑曲线至排头，其余运动员依次跟进，穿插过程中要注意不触碰到其他人。

通过这些多样化的训练方法，变速变向练习能够显著提升运动员在比赛中的移动速度、反应速度和动作灵活性。这不仅有助于运动员在面对对手时能够更快地调整位置和方向，也能在关键时刻抓住机会或避开对手的防守。

3.器材辅助法

这是一种利用常见的通过体育用品或特定运动器材来专门提升运动员的移动速度和灵活性的训练方式。这种训练法比较灵活，器材不仅是训练的工具，也是提升特定技能的媒介。例如，在移动速度的训练中，运动员可以借助篮球进行训练，通过后退跑传球、变向带球跑等练习，提升在实际比赛中的移动速度和控球能力；运动员也可以利用足球进行训练，如快速带球、变向运球等。这些都要求运动员具有在移动中处理球的能力，并且在变速和变向时保持高效的控制。

第三节　耐力训练体系

一、耐力训练的意义

耐力作为一种综合体能指标，反映了个体在面对持续消耗体能的活动时的表现能力。耐力训练不仅是体育教育的核心部分，随着人们生活节奏的加快和健康意识的提高，也越来越成为普通健身爱好者关注的焦点，成为提高身体素质的一种重要锻炼方式。综合来看，耐力训练有以下意义。

（一）帮助提升其他专项能力

耐力是许多体育项目的基础能力，尤其是中长距离竞技项目，如田径、游泳、划船、滑雪和自行车等。这些运动对耐力有极高的要求，因为它们涉及持续的体能消耗和长时间的坚持。进行有针对性的耐力训练，不仅能提高运动员在这些项目中的表现，也能增强他们的专项竞技能力。耐力训练通过增强心肺功能和肌肉的耐久性，使运动员能够在训练和比赛中维持更高的效率和更长的活动时间。

（二）优化能量供应系统的功能

耐力训练在提高人体能量代谢和储备能力方面扮演着关键角色。它通过促进更高效的能量代谢（如糖分解、有氧呼吸等）和能量链的建立，帮助运动员更好地管理和利用体能。长期的耐力训练有助于构建一个稳固的能量系统，包括改善磷酸原、糖酵解和有氧代谢的整合，这对于长时间和高强度的运动表现至关重要。

（三）恢复和调节心理和生理功能

耐力训练还是一种有效的放松和恢复手段。适当的有氧练习，如慢跑，不仅可以促进血液循环、加速代谢废物的排出，还有助于肌肉损伤的修复和软组织的再生。这些恢复过程对于缓解训练中的疲劳和预防运动伤害至关重要。通过这种方式，运动员可以更快地恢复体能，为下一轮训练或比赛做好准备。

（四）预防疾病及促进健康

耐力训练在促进健康和预防疾病方面具有显著效果。定期的有氧运动，如跑步，已被医学研究证实可以有效预防肥胖、高血压、糖尿病、心血管疾病等多种健康问题。此外，耐力训练还能改善心肺功能，增强免疫系统，降低患某些类型癌症的风险。对于中老年人，常规的耐力训练还可以帮助维持心脏健康，防止肺组织弹性衰退和肌肉萎缩。

二、耐力的分类

耐力是体育训练中的一个核心要素，影响着运动员的表现和竞技成绩。耐力分为不同的类型，如图6-6所示，每项体育运动侧重的耐力种类也不尽相同，只有明确耐力的分类，才能更好地制订训练计划，提高运动员的整体表现和体能。

图 6-6　耐力的分类

（一）一般耐力

一般耐力是指人体在长时间进行体力活动时所表现出的综合耐久能力。这种耐力涉及多个肌群和多个生理系统的协调工作，能够有效地支持体能活动，克服疲劳。在日常的体育训练中，一般耐力的提高对于所有运动项目来说都是基础，因为它帮助建立了一个坚实的体能基础，从而支持专项的耐力需求。例如，长时间的慢跑、游泳或骑自行车等活动都是提升一般耐力的有效方式。这些训练可以增强心肺功能，提高能量代谢效率，并促进整体运动技能的熟练度。此外，一般耐力训练也有助于提升心理耐受能力，使运动员能在面对长期运动带来的心理压力时保持坚韧和专注。

（二）专项耐力

专项耐力针对特定的运动项目，强调在特定环境和运动形式下的耐力表现。这种耐力的培养需要有针对性的训练，以满足特定运动的技术和战术要求。例如，赛艇运动员需要在高阻力的环境下维持运动效率，而越野滑雪运动员则需要具备适应不同的地形和低温条件的耐力要求。专项耐力训练侧重于模拟比赛条件，通过特定的训练方法，如间隔训练、速度游戏或持久力测试，来提高运动员在特定条件下的体能。这种训练能帮助运动员适应比赛中可能遇到的物理和心理压力，优化能量使用和策略执行。

（三）有氧耐力

有氧耐力是指在较长时间内、在充足的氧气供应下进行运动的耐力类型。这种耐力对于马拉松跑者、长距离竞走运动员以及任何需要长时间维持中低强度活动的运动员来说至关重要。有氧耐力的训练通常包括持续的中等强度运动，如慢跑、自行车骑行或泳姿练习，这些活动有助于增强心肺功能和提高脂肪酸的利用率，从而在运动中提供稳定的能量来源。增强有氧耐力能显著提高运动员的总体耐力水平，使他们能够在长时间的运动中保持较高的性能水平。

（四）无氧耐力

无氧耐力是指在氧气供应不充分的情况下，维持高强度运动的能力。这种耐力类型常见于需要快速爆发力的运动项目，如体操、短距离游泳、短跑以及各种田径投掷和跳跃项目。在这些运动中，运动员需在短时间内发挥最大的力量和速度，无氧耐力在这里起着决定性的作用。此外，无氧耐力训练能显著提高肌肉中的糖酵解能力和肌肉力量，从而使运动员能在缺氧的条件下维持高强度的运动性能，对于提高动作的稳定性和对抗强度也有显著的积极影响。

（五）混合耐力

混合耐力位于无氧耐力和有氧耐力之间，它涉及的活动持续时间通常长于无氧活动而短于有氧活动。混合耐力在一些特定的体育项目中尤为重要，如拳击、摔跤、柔道、跆拳道以及田径的中距离项目，如400米跑、400米栏和800米跑等。这类项目不仅需要运动员在比赛中展现爆发力，也要求他们在整个比赛过程中维持一定的运动强度。混合耐力的训练需要结合无氧和有氧的方法，以适应比赛中变化的能量需求，帮助运动员在高强度与持久性之间找到平衡。

明确耐力的类型，可以为运动员的耐力训练提供科学的支持。根据不同耐力进行有针对性的训练，运动员才可以更好地准备应对各种体育项目。

三、耐力训练中的能量系统

在耐力训练中，理解人体的能量供应系统是至关重要的，因为这些系统决定了运动员在不同类型的运动中能维持多久的活动强度和持续时间。耐力训练的核心在于优化和增强这些能量系统的效能，以便在长期和高强度的体力劳动中维持最佳表现。

耐力训练涉及的能量供应系统包括从快速爆发到长时间能量输出的全过程。在训练中，运动员通过不同强度和持续时间的活动，刺激这些系统的适应性改变。这些改变包括增加肌肉细胞内的能量储存（如磷酸原和糖原）和提高能量代谢效率。

在短暂高强度的训练中，如短跑或速度训练，磷酸原系统被迅速利用，它为运动员提供了爆发力的初期能量。然而，这种能量供应非常短暂，故对耐力训练的直接贡献相对有限，但这种训练有助于提高肌肉的总能量输出能力，间接支持更长时间的运动表现。

在稍长时间的训练，如中距离赛跑中，糖酵解系统开始发挥作用。这一阶段，虽然不依赖氧气，但能较快提供能量。通过系统的训练，运动员能够增加其糖酵解效率，即使在氧气供应不足的情况下也能维持较高的运动强度。此外，耐力训练还能提高肌肉对乳酸的容忍度，这意味着运动员可以在更长时间内、更高的强度下运动而不致疲劳。

对于更长时间的耐力活动，如长跑或骑行，糖有氧氧化和脂肪酸氧化系统成为主要的能量供应源。这些系统能在氧气的帮助下将体内储存的糖原和脂肪转化为持续的能量输出。耐力训练通过提高心肺功能和提高肌肉细胞的氧气利用率，显著提高了这些系统的工作效率，不仅使能量供应的持续时间得以延长，还加速了长时间运动后的恢复。

因此，耐力训练的目标是通过多样化的训练模式和科学的训练安排，全面发展和提升这些能量供应系统的综合能力。通过这种方式，运动员不仅能在竞技场上保持持久的耐力，也能够有效地管理和延缓疲劳的到来，从而在耐力竞赛中取得优势。这种全面的能量系统训练，是每位耐力运动员成功的关键。

四、耐力训练的注意事项

正确执行耐力训练不仅能够提高运动员的整体体能，还能增强其在比赛中的持久力和抗疲劳能力。但是训练中有一些注意事项需要引起警惕，如过度训练、营养不足或训练计划不当等，这些都可能导致训练效果不佳或运动伤害。分析耐力训练中的关键注意事项，可以有效地提高训练的安全性和效率，从而帮助运动员达到最佳的身体状态和竞技水平。

（一）要充分发挥能量系统的协同作用

在耐力训练中，理解和优化体内的能量供应系统是至关重要的。体内的能量供应主要依赖 3 个系统：ATP-CP 系统、糖酵解系统和有氧氧化系统。这些系统并不是孤立运作的，而是在神经系统的调控下相互关联，共同作用，从而根据不同运动的需求调整主导的能量系统。

特别地，糖酵解系统在耐力训练中扮演了至关重要的"能量桥"角色，它连接快速供能与持续供能之间的需求。这一系统能在没有氧气的环境下迅速产生能量，支持短暂的高强度运动，同时为长时间的有氧运动提供过渡，确保能量的持续供应。因此，糖酵解系统的效率直接影响运动员在各种体育项目中的表现，优秀运动员通常在这一系统的能力上表现突出。

由于运动训练会导致身体各器官、组织和系统的定向适应，不同的训练负荷会刺激不同的供能系统。因此，为了有效地利用这些能量系统，训练计划需要合理规划负荷的结构层次，以确保各系统之间的有效连接和转换。这要求运动员长期、系统地进行训练，不仅要增强各个系统的独立功能，更重要的是还要打通它们之间的联系，建立稳定高效的能量转换通道。

实现这一目标的关键在于综合运用各种训练方法，包括间隔训练、耐力训练和速度训练等，以全面提升体内能量系统的适应性和响应能力。通过这样的训练，运动员可以在各种竞技需求下更好地管理自己的能量，提高运动效率和成绩，无论是在短时间内爆发出惊人的力量，还是在长跑等耐力项目中保持稳定的运动性能。

（二）要注意进行有效呼吸

呼吸与能量供应之间存在着密切的关系。在耐力训练中，呼吸作为氧气摄入的主要途径，直接影响有氧代谢的效率，影响身体使用氧气将营养（如葡萄糖和脂肪）转化为能量的速率。有效的呼吸可以增加氧气供应，优化能量的产生，尤其在长时间的耐力运动中，有效的能量分解与供应尤为重要，既不能造成能量过度分解，也不能造成能量的浪费。此外，良好的呼吸还帮助运动员更快地排出二氧化碳和其他代谢废物，从而维持体内环境的稳定，减少乳酸产生的疲惫感，提高运动性能和持久力。

有效的呼吸应该是深且均匀的。在进行耐力训练时，采取正确的呼吸动作和节奏才能使足够量的氧气进入体内，运动员应该通过腹部（而不仅是胸部）深呼吸，这种方式称为腹式呼吸。腹式呼吸允许更多的空气进入肺部，增加氧气的摄入量和二氧化碳的排出量。同时，保持呼吸节奏与运动节奏的一致性至关重要，这有助于提高运动过程中的氧气利用效率和稳定能量输出。

耐力训练还要注意呼吸与动作训练同步，特别是在跑步或骑行等有节奏的活动中，呼吸节奏与步伐或踏板运动同步是一个有效的方法。例如，跑步时可以尝试在每两到三步呼吸一次（两步一吸，两步一呼或三步一吸，三步一呼），这样可以帮助运动员维持节奏，减少呼吸的紊乱感，使体能消耗更加均衡。

运动员应尽可能通过鼻子呼吸而不是嘴巴，特别是在低到中等强度的耐力训练中。鼻呼吸可以帮助暖化和过滤吸入的空气，减少冷空气对呼吸道的刺激，并可以提高空气中氧气的吸收率。此外，鼻呼吸还可以帮助稳定心率和血压，降低训练过程中的应激反应。

在训练中，运动员还应密切关注呼吸的舒适度。如果出现呼吸急促或无法通过呼吸获得足够氧气的情况，应立即调整运动强度。训练强度过高可能导致呼吸节奏失控，从而影响运动表现和身体的氧合效率。

在长时间的耐力训练中，保持呼吸的放松至关重要。练习瑜伽或冥想中的呼吸技巧可以帮助运动员学习在高强度运动中如何有效地控制和放松呼吸。

通过这些方法，耐力训练中的呼吸调整不仅可以提高运动效率，还能帮助运动员在训练中保持更好的心理和生理状态，进而提高整体的训练成效。

（三）要协调有氧训练与专项耐力训练

在耐力训练中，有效地协调有氧训练与专项耐力训练的关系是至关重要的。这两种训练虽有联系，但它们的目标和方法存在显著差异。有氧训练旨在提升运动员的心肺功能和增加能量储备，通常采用低到中等强度的持续训练或间歇训练，以保持心率在特定的靶心率范围内。这种训练形式多样，包括慢跑、游泳、骑自行车和爬山等，也可以在健身房使用跑步机进行定时、定量的训练。然而，有氧训练所提供的耐力与专项运动中所需的耐力有显著的区别。专项耐力更多地依赖特定运动技能的重复执行和特定环境下的表现，需要模拟实际比赛环境，使用与比赛动作相似的训练模式。例如，中长跑运动员需在场地或野外环境中进行长时间奔跑，这不仅对心肺功能提出要求，还需要极高的下肢支撑能力。而划船等运动，则需要全身协同用力，对全身力量耐力的要求远高于一般的有氧训练。同样，游泳需要在水中克服比在空气中大得多的阻力，而球类运动则需要运动员反复执行各种复杂的技术动作等，这些都需要在真实环境中的耐力训练。

因此，将有氧训练与专项耐力训练有效结合是提高运动表现的关键。在实践中，教练和运动员应根据具体的运动项目需求，有序安排有氧训练和专项耐力训练，并确保不同强度的有氧训练与专项耐力训练之间能够有效衔接。这种有机结合可以使运动员的耐力表现最大化，同时确保在竞技水平上能够达到最佳状态。

（四）要循序渐进地进行耐力训练

循序渐进地进行耐力训练至关重要，不仅有助于体能系统有效地适应日益增长的训练需求，还能预防因过度训练引起的身体伤害，同时确保持续的进步和提升。

循序渐进意味着训练的开始应从相对较低的强度和较短的持续时间出发，随着体能和耐力的逐步提高，逐渐增加训练的强度和时长。例如，在耐力跑步训练中，初期可能只需要进行轻松的慢跑，每次持续 20 分钟到 30 分钟。随着体能的提升，慢跑的时间和强度可以逐步增加，即更长时间的跑步或更高强度的间隔训练。

此外，循序渐进还应涵盖训练的频率。初期，每周可能进行 3 次训练，每次持续时间较短。随着体能的增强，训练频率和时长可以逐步增加。这种逐步适应的过程有助于提高身体各系统的功能，如心血管系统、呼吸系统和肌肉的耐力能力，从而在不引起过度疲劳或伤害的情况下使训练效果最大化。

实施循序渐进原则还包括对训练内容的调整和优化。训练初期，重点可能放在基础体能的建设上，随着基础体能的提高，可以逐渐引入技术和战术元素，使训练更加专业和具有针对性。例如，耐力自行车运动员在基础耐力提高后，可能需要加入更多的坡道骑行和速度变化训练，以模拟实际比赛中的环境和挑战，从而更为科学和有效地促进运动员的体能发展，提高其在专业领域内的表现。

第四节　柔韧性训练体系

一、柔韧性训练的内涵

柔韧性训练是一种针对人体关节和肌肉组织的运动训练，其主要目的是提高关节的活动范围和肌肉的伸展能力。与力量、速度等运动素质不同，柔韧性不直接决定运动的原动力，而是通过支持和维护运动器官的正常形态功能影响运动的效率和质量。柔韧性的核心在于关节的灵活度和肌肉及韧带的伸展能力，这些都是完成各种复杂运动的基础。

柔韧素质的发展对于运动员的表现至关重要，它可以在一定程度上决定动作的完成质量和流畅性。例如，良好的柔韧性能够帮助运动员在执行技巧动作时达到更大的活动范围，同时减少受伤的风险。

柔韧性训练通常包括但不限于静态拉伸、动态拉伸和本体感觉神经肌肉促进法（Proprioceptive Neuromuscular Facilitation, PNF）等方式。静态拉伸关注肌肉的持久拉伸，而动态拉伸则涉及在运动中不断改变肌肉的长度。PNF 是一种更为复杂的训练方法，它结合了被动拉伸和主动肌肉对抗的技巧，以提高肌肉和韧带的伸展能力和控制力。

不同的运动项目对柔韧素质的要求也各不相同。例如，体操和舞蹈运动员需要极高的柔韧性来完成复杂的动作，而跑步或自行车运动员更注重腿部肌肉的柔韧性。因此，有针对性的柔韧性训练应考虑到运动特性和运动员的个体差异，以达到最佳的训练效果。

二、柔韧性的分类

根据其功能和训练目的的不同，柔韧性可以分为以下几种类型。

（一）一般柔韧性

一般柔韧性是指日常生活和常规体育活动所需的基本柔韧性。这种类型的柔韧性对于保持身体健康和预防运动伤害非常重要。例如，在排球训练中，运动员在进行速度练习时需要增大步幅，这就要求腿部具备一定的柔韧性以适应快速和广泛的运动范围。

（二）专项柔韧性

专项柔韧性是针对特定运动或技能所需的柔韧性，通常由特定运动的生物力学结构决定。这种柔韧性的培养需要有针对性的训练计划和方法。例如，排球运动员在进行扣球动作时，需要特定的手臂和腰部柔韧性以完成高效和准确的击球。

（三）主动柔韧性

主动柔韧性是指依靠关节周围肌肉的主动收缩，达到较大运动幅度的能力。这种柔韧性不仅涉及肌肉的伸展能力，还包括肌肉主动发力的能力。它在各种运动中都非常重要，因为能有效提高动作的幅度和质量。

（四）被动柔韧性

被动柔韧性指的是在外力帮助或作用下，关节能够达到的最大活动范围。这种柔韧性通常在进行静态拉伸或由他人协助的拉伸练习中获得。它是评估柔韧性的一种方式，尤其在需要评估关节活动范围极限时非常有用。

这些柔韧性类型各有其特点和训练要求，根据不同的运动需求和个人条件，选择合适的柔韧性训练对于提高运动表现和预防伤害都有着重要的作用。有针对性的训练可以有效地提升运动能力和身体健康。

三、柔韧性训练的影响因素

柔韧性训练是提高身体灵活性和减少受伤风险的关键手段。影响柔韧性训练的因素众多，如图 6-7 所示。通过深入了解和分析哪些因素会影响柔韧性训练、如何影响训练，可以明确柔韧性训练原理，帮助运动员针对特定的弱点进行改进，从而调整训练方法、优化训练计划，同时减少由于柔韧性不足造成的伤害，确保训练过程既安全又有效，增强柔韧性训练效果。

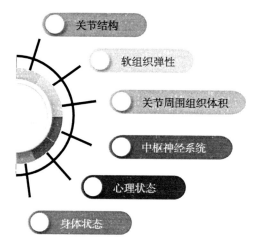

图 6-7　影响柔韧性训练的因素

（一）关节结构

关节结构或者关节的解剖学特征是决定柔韧性的基础因素之一。每个人的关节结构在出生时已大体确定，这些结构包括骨骼形态、关节的类型和形状等，很大程度上已由遗传因素决定。例如，膝关节的设计仅允许屈伸动作，只能在微屈状态下进行轻微的内旋或外旋，其结构限制了其他类型的运动，如大幅度的旋转、背屈等。因此，尽管通过训练可以在一定程度上改善关节的活动范围，但这种改善总是受到关节固有结构的限制。超越这些生理限制的训练必然与生物学本质属性相违背，会导致关节损伤或其他长期健康问题。此外，每个人的关节结构不尽相同，都存在或多或少的差异，了解和尊重每个人独特的关节结构，是制订有效柔韧性训练计划的关键。训练计划也不能以一概全，而要在分析生理学或者解剖学特征的基础上，制订个性化的训练方案，在关节的自然活动范围内，通过适当的训练增加其柔韧性。

（二）软组织弹性

关节周围软组织的弹性是另一个影响柔韧性训练的关键因素。这些软组织包括肌肉、肌腱和韧带，它们的弹性和伸展性直接影响关节的活动范围。软组织的弹性受多种因素影响，如年龄、性别以及个体的生物化学组成。通常，女性和年轻人的肌肉组织比男性和成年人更为柔软，这部分原因是激素和生物学差异。肌腱受到牵张时会引发肌肉的收缩，而腱器官的刺激则会导致肌肉的放松。适当的训练可以提高或降低相关软组织的反应或兴奋阈值，这有助于增加肌肉的伸展能力和减少受伤风险，从而增强软组织的整体弹性和柔韧性。

（三）关节周围组织体积

关节周围组织的体积，特别是肌肉和脂肪的体积，对柔韧性和关节的活动范围有直接的影响。例如，如果大腿后部的肌肉体积增大，可能会限制小腿的折叠能力。这种体积增加通常是训练中不可避免的现象，但它也可能成为限制运动技能发展的一个因素。因此，要有效提高运动技能并保持适宜的柔韧性，就需要实施有针对性的柔韧性训练。此外，关节软骨在持续运动后会增厚，如研究显示，跑步 10 分钟后膝关节软骨厚度可增加 12% ～ 13%[①]，这主要是由于运动过程中关节软骨经历交替压

[①] 辛娟娟. 运动技能与体育教学 [M]. 北京：九州出版社，2018：18.

缩和减压，使关节液渗透至软骨中，从而增强了其弹性。

（四）中枢神经系统

中枢神经系统对肌肉张力的调节直接影响柔韧性。这包括中枢神经系统如何协调肌肉之间的活动，尤其是主动肌和拮抗肌之间的协调。在许多情况下，柔韧性的限制并非来自肌肉本身的能力，而是因为拮抗肌群不能充分放松。改善这些肌群内的协调，尤其是在进行柔韧性训练时，可以显著提高关节的活动范围和整个身体的灵活性。这种神经调控的优化是通过专门的训练程序和适当的放松技巧实现的，这些技巧旨在减少神经对肌肉的过度兴奋，从而使肌肉能够更好地放松和伸展。

（五）心理状态

心理状态对于体育训练的影响不容忽视，尤其是在柔韧性训练中。当个体经历心理压力或紧张时，中枢神经系统的反应会导致肌肉紧张增加，这不仅影响运动的执行质量，也会限制运动的幅度。例如，心理紧张可以导致肌肉硬化，减少关节的活动范围，从而影响柔韧性。此外，心理状态良好的运动员通常能更好地放松身体，通过有效的呼吸和放松技巧，增加肌肉的伸展能力和关节的活动幅度。因此，在进行柔韧性训练时，合理的心理调适和压力管理是提高训练效果的关键因素。

（六）身体状态

如果身体处于疲劳状态，肌肉群也会处于疲劳状态，这是影响柔韧性训练的一个重要考虑因素。长时间的肌肉活动会累积疲劳，导致肌肉弹性和伸展性降低，肌肉周围软骨组织过度伸缩，肌肉的协调能力和收缩效率降低，因此，肌肉和韧带在疲劳状态下更容易受到损伤。控制训练强度和适当的休息是避免因疲劳影响柔韧性的重要策略。高强度训练与充足的恢复期相互交替，可以提高训练效果，同时保护身体不受过度疲劳的负面影响，从而为柔韧性的训练提供良好的身体基础条件。

四、柔韧性训练的注意事项

柔韧性训练对于提升身体的灵活性和减少运动伤害至关重要。正确进行柔韧性训练不仅可以扩大关节的活动范围，还能提高肌肉的功能效率。因此，深入分析柔韧性训练的注意事项不仅是必要的，还可以帮助运动员避免常见的错误，如过度拉伸和不恰当的训练频率都可能导致肌肉损伤或其他长期健康问题。合理安排训练计划、选择适当的训练强度和频率以及确保正确的伸展技术，可以显著提高训练的效果，使运动员能够更快地达到柔韧性目标。以下是一些关键的柔韧性训练注意事项，如图 6-8 所示。

图 6-8 柔韧性训练的注意事项

（一）做好热身活动

进行柔韧性练习前，适当的热身是必不可少的。热身运动至少应持续 10 分钟，目的是提高肌肉的温度，预防因肌肉冷却而可能发生的拉伤。热身包括轻松的跑步、跳绳或其他有氧活动以及简单的关节活动练习。开始柔韧性训练时，不应立即尝试达到动作的极限幅度，而应循序渐进，逐步增加运动幅度，这种方法能有效地减少受伤风险，并且随着时间的推移，能逐渐提高柔韧性水平。

（二）控制动作频率

在进行柔韧性训练时，控制动作的频率是至关重要的。动作频率不宜过快，中等或较慢的频率可以有效延长力对关节和肌肉的作用时间，从而降低由于快速和剧烈运动导致的肌肉和韧带拉伤风险。慢速拉伸可以帮助肌肉更好地适应伸展，增加肌肉的血流量，促进代谢废物的排出，也能更准确地感受肌肉和韧带的张力，避免过度伸展导致的损伤。此外，慢速动作有助于提高身体对运动的控制度和运动的精确性，使训练更为安全、高效。

（三）加强意志训练

柔韧性训练是一个对意志力要求极高的过程，因为柔韧性训练过程中会不可避免地涉及一定程度的不适感和疼痛，且这种训练的进步速度和成效可能较慢，不能一蹴而就，需要通过持续和系统的努力才能达成。这种训练的特性要求练习者必须展现出高度的耐心和坚持不懈的精神，建立正确的认知和心态，接受训练过程中的挑战。缓慢进行训练是提高柔韧性的关键。这不仅适用于柔韧性方面的训练，也是培养耐力和毅力的重要过程。

此外，练习者在心态上不能急于求成，应设定实际可达的目标，并根据具体的运动需求调整柔韧性的发展水平。例如，排球运动员在进行柔韧性训练时，应侧重于提高那些直接影响扣球和发球动作的关节活动范围。这样可以确保训练的针对性和效率，避免盲目追求柔韧性的极限，从而减少受伤的风险并提升运动表现。

加强意志训练也意味着练习者需要在训练中不断调整和优化训练方法，学习如何在感受到疼痛的同时避免过度伸展，在心理和情绪上获得更大的自我控制和抗压能力。

（四）搭配力量训练

在体育训练中，柔韧性和力量是互补的两个方面，应当同时发展。合理的力量训练不仅能够增强肌肉和骨骼的强度，还可以通过改善肌肉的功能状态提升柔韧性。例如，增强肌肉力量可以帮助更好地控制运动幅度和提高关节的稳定性，从而间接提高柔韧素质。然而，需要注意的是，力量增长不应导致肌肉体积过度增加，这可能限制关节的活动范围。因此，设计力量训练时应注意平衡，确保力量增长与柔韧性的协调发展，避免一方面的过度发展影响另一方面的性能。

（五）选择最佳训练时间段

选择合适的时间进行柔韧性训练是增强训练效果的关键因素之一。一般来说，儿童和青少年时期是提升柔韧性的黄金时期，由于这一时期关节和韧带的伸展性较高，适当的训练可以为未来的身体发展和运动表现奠定坚实的基础。除了年龄因素，日常训练的具体时间选择也同样重要。

从日常时间段的选择来看，在体温较高的时候进行柔韧性训练更为有效。通常，人体在傍晚时分的体温比早晨高，肌肉和关节的柔软度也相对较好，因此傍晚是进行柔韧性训练的理想时间。然而，对于那些习惯早起的人来说，清晨也可以是一个进行柔韧性训练的好时机，只要确保在训练前进行充分的热身活动，以唤醒肌肉并减少受伤风险。

此外，选择训练的最佳时间还应考虑个人的日程安排和身体状态。有些人在一天开始时精神更为集中，而有些人则在一天结束前感到更放松。了解自己的身体节奏和偏好，选择一个可以持续进行且感觉舒适的时间，将有助于保持训练的连贯性和高效性。

无论选择什么时间进行训练，关键是要确保训练的持续性和系统性。随着年龄的增长，柔韧性可能会有所下降，但通过持续的练习，可以有效地维持甚至提升柔韧性。因此，合理安排训练时间，是保持和提高柔韧性的重要策略。

（六）训练后进行放松练习

柔韧性训练后的放松非常重要，可以帮助肌肉恢复和放松，防止肌肉紧张和疲劳。每次伸展练习之后进行相反方向的练习，不仅可以平衡肌肉群的力量，还可以促进血液循环，加强供血和供氧，有助于肌肉的恢复和再生。例如，进行了大腿前侧的伸展后，可以适当进行大腿后侧的拉伸，以保持肌肉群的平衡和避免过度训练的风险。此外，轻松的呼吸和意识放松技巧也是放松过程中不可忽视的部分，有助于提高训练的总体效果。

第五节　功能性训练体系

一、功能性训练的定义和内涵

功能性训练起源于医疗康复领域，它是一种综合性训练方法。功能性训练的历史可以追溯到两次世界大战期间，当时伤残人员的大量增加促使物理医学和康复医学的发展。特别是在第二次世界大战后，康复治疗经历了从关注骨骼肌肉到关注以神经支配为主的动作控制的转变，强调要在训练过程中激活神经对肌肉的支配作用，以达到身体能力最优化的练习。

1997 年，库克（Gray Cook）和菲尔兹（Keith Fields）首次正式引入功能性训练的概念[①]，他们提出这种训练方法不仅仅是为了提高运动表

---

①COOK G, FIELDS K. Functional training for the torso [J]. Strength and Conditioning, 1997, 19（2）:14-19.

现，更是基于一种全面的视角来考虑人体运动。库克认为，有效的功能性训练应当关注整个动力链，强调运动训练的整体性和系统性，特别是链中的薄弱环节，应避免仅对身体某一部分进行孤立的力量训练，从而确保运动的每个组成部分都能协调工作，提高整体的运动效率和安全性。甘贝塔（Vern Gambetta）则从另一个角度阐释了功能性训练，他认为这种训练应当是多关节和多维度的，重点在于增强身体对本体感觉的感知能力[1]，并且功能性训练应包括对运动员在加速、减速以及稳定和非稳定状态下的身体控制能力进行系统的训练，这种方法有助于提高运动员对自身动作的控制，从而优化他们在实际运动中的表现。其他学者也提出了不同的观点。当前学界对功能性训练的观点是，这种训练是基于人体的解剖结构、生理特点、动作特征和相关理论知识综合设计的一系列动作模式训练。功能性训练旨在改善体态，增强运动员在各种运动状态下对身体姿势的控制力，通过优化主动肌、协同肌和拮抗肌的互动关系，提升动作的经济性与有效性。此外，功能性训练中的动态平衡练习能显著提高人体平衡能力，增强运动员的本体感觉和核心稳定性，有效协调四肢动作，帮助运动员达到动作的最佳状态，并深入挖掘其运动潜能。多样的动作控制练习不仅能增强运动员动作的稳定性和关节灵活性，提升动作精准度，还能增强全身关节以及周围的肌肉、肌腱和韧带的稳定性，确保比赛中有优秀的表现，并有效预防运动伤害。功能性训练不仅被视为一种具体的训练方法，还是一个重要的训练理念，它旨在通过有目的的训练强化人体在多种运动平面上的自然动作，以提高运动效率和减少受伤风险，使运动员能够在竞技和日常生活中达到最佳状态。

---

[1]GAMBETTA V. Following a functional path[J]. Training & Conditioning, 1995, 5（2）:25-30.

二、功能性训练的优势

功能性训练与传统体能训练在多个方面存在不同之处，以下是功能性训练的几点优势，如图 6-9 所示。

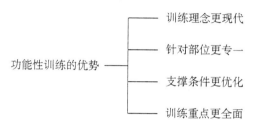

图 6-9 功能性训练的优势

（一）训练理念更现代

传统的体能训练认为"多即好"，并且尽可能不断加大训练的负荷，通常采用单方向、单关节的训练。这种训练的实效性较低，且以比赛成绩作为成功的唯一标准。这往往会导致训练负荷过大，增加运动损伤的风险，从而缩短运动寿命。而功能性训练着重于动作的质量和安全性，目标是为运动员提供高质量的训练，预防运动损伤，尽可能帮助运动员延长其运动寿命。功能性训练以动作质量为最终目标，并不盲目追求训练数量上的增加。

此外，传统体能训练通常侧重于躯干表浅肌群的动力性练习，主要动员单关节肌、表浅肌群进行向心收缩形式的训练，以发展爆发力和加速度为主。这种方法虽然能够提升肌肉的力量和速度，但往往忽视了身体的整体稳定性和多肌群的协调性。相对而言，功能性训练注重多关节肌、深层肌肉的等长收缩训练，强调增加身体运动中的不稳定因素，从而更加重视提升人体的核心稳定性和多肌群的协调运动能力。

（二）针对部位更专一

功能性训练着重强调核心部位的重要性，认为核心肌群是人体运动的"发动机"，具有储存和输送能量的关键作用。这种训练认为，强大的核心肌群是完成各种运动的基础，对运动表现有着决定性影响。而传统的力量训练则主要集中在大肌群，如四肢的肌肉力量发展上，这虽然能增强力量和耐力，但往往忽视了核心肌群的训练，在一定程度上限制了运动效能的全面提升。

（三）支撑条件更优化

传统体能训练往往在相对稳定的体态中进行，如使用大负荷、高强度的抗阻器械练习，这种方式虽然能有效提高力量素质，但在实际运动中，这种训练所增加的力量很容易丢失。功能性训练则倾向于在不稳定、动态的环境中进行，如使用瑞士球、平衡板和悬吊训练等，这种训练方式更加注重让平时训练增加的力量在实际运动中得到有效运用和转化，在提高运动性能的同时增强了训练的实用性和功能性。

（四）训练重点更全面

传统体能训练通常聚焦于提高大肌群的力量、速度和耐力，其训练内容、手段和方法往往与专项能力训练非常相似，甚至几乎一致。这类训练使用较大或极限的负荷，动作模式及维度相对单一，主要集中在单维或双维的动作上，虽然能够在短时间内显著提升上肢和下肢大肌肉群的力量，但常常忽视了对核心区域的训练以及对协调、平衡、稳定性和灵敏性的培养，这在一定程度上限制了运动员在复杂运动条件下的表现能力。

相比之下，功能性训练采用一种更全面、更综合的训练方法。它基于人体的解剖结构、生理特征和动作特点，设计不同的训练内容和功能体系。功能性训练强调多关节和多维度的完整动作模式，旨在提高身体各部位的均衡发展和运动协调性。特别是在不稳定和动态的训练环境中，功能性训练更加重视神经肌肉系统和各运动环节的精细调控，以此提高身体对各种运动状态的适应能力和控制力。此外，功能性训练还能有效预防运动损伤，并在运动康复方面发挥积极作用。

功能性训练与核心力量训练不应被视为传统体能训练的完全替代品，而是其进步和优化。它们的优势互补，重视核心部位的强化不仅能提升运动性能，还能增强运动安全性和延长运动寿命。明确两种训练方式的差异是十分必要的，这有助于教练和运动员选择适合自己的训练方式，以达到最佳的体能和技能提升。

三、功能性训练的内容

功能性训练围绕多维度、多关节、无轨迹、无序的实战动作需求设计训练模式，重点在于提高动作的质量而非单纯的肌肉力量，目标是让运动员在比赛中有效地展示其运动技能。在训练系统设计方面，功能性训练融合了训练哲学、方法论和战术训练，形成一个协调一致的整体训练系统。常见的功能性训练内容包括以下几种。

（一）躯干支柱力量训练

躯干支柱力量训练聚焦于身体的核心区域，包括肩部、脊柱和髋部。这种训练重视身体姿势的改善和能量传递效率的提高，有效地增强了身体的中心稳定力，有助于改善运动员的动作模式，从而预防运动中可能发生的伤害。

（二）动作准备训练

动作准备训练包括一系列的预热和激活练习，如臀部激活和动态拉伸，这些活动不仅能提高身体的温度，还能伸展肌肉，提升肌肉的反应速度和协调性。动作技能整合和神经激活的练习，如迷你带深蹲和单侧快踢腿，旨在唤醒肌肉的本体感觉和神经系统，为更高强度的训练做好准备。这些训练帮助运动员在正式训练前正确地调整身体状态，确保训练效果和安全。

（三）快速伸缩复合训练

快速伸缩复合训练专注于提升运动员的力量和爆发力。上肢、下肢和躯干的综合训练，如双脚跳、多方向跳跃和头上扔球，不仅加强了肌肉和关节的力量，还提升了身体的整体平衡和稳定性。这类训练的目的是通过增强肢体稳定性和协同肌肉群的协作能力，来提高运动技能和减少训练及比赛中的伤害风险。

（四）动作技能训练

动作技能训练是功能性训练的主要内容之一，特别是在提升运动员的反应能力、移动能力、爆发力和灵敏性方面。这类训练通过纵向、横向和多方向练习，帮助运动员在实际运动中快速适应各种移动需求，从而降低运动过程中的风险。例如，起步跑、踏步跑和向后之字形交叉步等练习不仅增强了运动员的灵活性和敏捷性，而且通过模拟竞技场景中的实际动作，增强了运动员的实战应用能力。

（五）力量与爆发力训练

力量与爆发力训练专注于上下肢推拉练习和全身的力量综合练习，如杠铃高拉、哑铃推举等。这些训练增强了运动员支持动作模式的完成能力，提高了全身肌肉的整体工作能力和效率。特别是旋转练习，增强了脊柱和关节周围小肌肉群的稳定性，提高了神经肌肉的控制能力。这种训练方法对于提高运动性能和防止运动损伤具有显著效果。

（六）软组织再生训练

软组织再生训练则是功能性训练中的重要组成部分，它通过泡沫轴、按摩棒等工具对腓肠肌、下腰背和前臂等部位进行特定的按摩和放松。这类练习不仅激活和放松了肌体各部位的肌肉和组织，还促进了肌体的恢复和再生，加快了肌纤维的修复，并有效缓解了运动后的疲劳，加速了血液和淋巴循环。

（七）拉伸训练

拉伸训练也是功能性训练体系中不可或缺的部分，它通过静态拉伸、动态拉伸、PNF 和主动分离式拉伸（AIS）技术，调节肌肉的张力和提高关节的活动度。这类练习不仅帮助运动员放松紧绷的肌肉，还促进了代谢产物的快速排出，加速了肌体的能量恢复。例如，胸大肌的静态拉伸、斜角肌的 AIS 拉伸和前锯肌的 PNF 拉伸等，这些练习帮助提高肌肉的伸展性和弹性，为高强度训练和比赛提供良好的身体准备。

四、功能性训练的注意事项

（一）要重视矫正性和无伤化训练

专项训练或某部位的过度使用往往会对身体的局部关节造成过重的负担。这种长期的不平衡和过度负荷，无论是在左右腿、前后肌群还是上下肢之间，都可能导致力量的不均衡和关节的变形。这种变形不仅影响个体的整体动作能力，也极大增加了受伤的风险。事实上，现实中许多运动员脊柱变形，腰部、膝盖或踝关节受伤的情况很大程度上与此有关。

根据功能性训练的理念，功能性训练强调对身体形态的调整及对不均衡部位的矫正。这种训练的一个核心原则是在没有疼痛的情况下进行各种动作训练，确保运动的安全性和有效性。一旦在训练中出现疼痛点，除非这是由技术错误引起的，通常意味着存在某种潜在的问题，这时就需要进行针对性的矫正性训练。这种矫正性训练应着重于解决特定的肌肉失衡或关节问题，目的是恢复身体的自然动态平衡，从而减少未来受伤的可能。

即使是在康复训练中，也应该坚持无痛训练的原则。运动员在无痛的情况下进行训练可以确保不会加重现有的伤情或引起新的伤害。通过这种方法，功能性训练不仅可以帮助运动员恢复到最佳状态，还可以通过预防性和矫正性措施，避免将来的运动损伤，确保运动员的长期健康和运动生涯的持续性。

（二）要进行定期体能评估

在功能性训练中，要重视体能诊断与评估。体能诊断与评估不仅是训练的起点，也是确保训练有效性和安全性的基础。有针对性的训练需要准确的诊断和评估来发现运动员的能力短板和潜在的伤病风险，从而制订出科学合理的训练计划，而不是简单地追求力量的提升。

例如，传统的专项训练往往重视对特定肌群如股四头肌的强化，这虽然能提高膝关节前部的力量，但也因为负荷过大而可能导致膝关节内侧、外侧和后侧的相对弱化。这种力量不均可能导致运动员在执行动作时产生"代偿性"动作，从而增加膝关节受伤或变形的风险。在这种情况下，功能性训练的评估和诊断就显得尤为重要，它能帮助识别这些不平衡和弱点，并据此设计出旨在加强膝关节四周肌肉群，提高关节整体稳定性的训练方案。

通过系统的评估和诊断，功能性训练不仅提高了训练的个性化和针对性，还极大地增强了训练的科学性。这种方法确保了训练不仅仅是增强力量，更是全面提升运动员的身体功能，预防伤害，从而在提高表现的同时保护运动员的长期健康，延长其运动生涯。

（三）要加强平衡能力与本体感觉的训练

身体的平衡能力和本体感觉在各类运动中都扮演着至关重要的角色，它们不仅对于体操、跳水等高度依赖平衡的项目至关重要，对于球类和体能类项目也极为关键。这些能力帮助运动员感知自身的位置，保持稳定，同时提高精细动作的执行能力。但是许多传统的一般训练和专项训练常常忽视平衡和本体感觉的培养。功能性训练特别强调在非平衡条件下进行各种动作练习，这种训练方法不仅挑战了运动员的平衡能力，还大幅提升了他们的本体感觉。通过这些练习，运动员能够更好地控制自己的身体，在进行快速移动或改变方向时，能够更准确地调整身体，以应对各种复杂的运动环境。

例如，功能性训练中单腿站立、眼睛闭合的平衡训练，或者在不稳定的表面上进行的复杂动作，如使用平衡球、平衡垫或不规则地面。这些训练不仅促进了平衡能力的发展，还强化了神经肌肉的协调，从而提高了运动效率和降低了受伤风险。有意识地将平衡和本体感觉训练融入日常训练中，可以帮助运动员在提高专业技能的同时，优化他们对自身动作的控制和感知能力，为实现更高水平的运动表现和长期的运动健康奠定坚实的基础。

（四）重视层次化的训练设计

在功能性训练中，一个核心的注意事项是层次化的训练设计。人的功能性动作能力并非一蹴而就的，而是一个逐步发展的过程，类似于人在成长过程中从爬行、直立到行走和奔跑的自然发展顺序。这种能力的提升遵循一定的规律和层次，因此运动员在训练中也需要遵循这种自下而上的递进方式。

为了有效地提升运动员的功能性动作能力，训练设计必须精心规划，形成一个由基础到高级、由简单到复杂的动作体系。这种层次化的训练设计确保每一阶段的训练都能够为下一阶段打下坚实的基础，同时避免因过度跳跃式提高难度而导致的受伤风险。

层次化的训练设计不只是关注动作的复杂性和负荷的递增，更重要的是每个阶段都必须确保动作的质量和正确性。起初，训练应聚焦于基本动作的学习和掌握，如平衡、协调和基本的力量训练。一旦这些基本技能被充分练习和巩固，随后的训练阶段可以引入更为复杂的技能和更高的负荷，如多方向动作、复合动作以及使用不稳定表面等高级技巧。

此外，功能性训练应当考虑个体差异，针对运动员的具体需求和现有能力进行个性化的训练安排。训练计划应该包含定期的评估和调整，以确保训练效果的最大化和符合运动员的发展节奏。

总之，层次化的训练设计是功能性训练成功的关键，它不仅有助于系统地提升运动员的整体运动能力，还能有效预防训练过程中可能出现的伤害，确保每个训练阶段都有明确的目标和适宜的挑战。通过这样的训练设计，运动员能够逐步提高其功能性动作能力，为更高水平的运动表现打下坚实的基础。

（五）注重功能性柔韧训练

功能性柔韧训练是功能性训练体系中不可忽视的一个重要部分，它专注于通过活跃的拉伸练习增强关节周围相对肌肉群的柔韧性。此类训练不仅有助于在其他的训练或比赛中达到理想的表现，还能促使主动肌快速收缩和拮抗肌快速放松，从而提高整体运动效率。

与传统的静力性、动力性和摆动性拉伸相比，功能性柔韧训练更注重肌肉的动态活动和对抗性平衡。尽管静力性拉伸广泛应用于各种训练中，但研究显示，长时间的静力性拉伸可能导致肌肉进入一种"休眠状态"，减少肌肉反射的敏感性，降低肌肉和肌腱的韧性及神经肌肉激活能力。这不仅影响瞬间的发力效果，还可能使随后的力量和爆发力下降近30%，影响持续时间长达60分钟。另外，过快的摆动性拉伸则存在拉伤风险，须谨慎使用。

为了最大化训练效益，功能性柔韧训练应结合多维度的柔韧与力量练习，这种组合方式不仅能提高运动表现，还能保持关节的稳定性，避免因柔韧性训练而过度松弛或损伤。在实际操作中，还应注意区分运动前准备与运动后放松活动，在热身和比赛前主要采用动力性柔韧训练方法，即主动拉伸，避免过多使用静力性柔韧练习，以防止肌肉过度松弛影响发力。此外，力量训练与柔韧训练不应分离，而应相辅相成。例如，运用 PNF 训练法等专门的技巧同时增强力量素质和柔韧性，从而保证两者的协调发展。练习不仅应包括常用的主动肌和韧带，还应涵盖拮抗肌和协同肌部位的肌肉与韧带，确保全面性和均衡性，只有这样才能形成更全面、更稳定的训练基础。

第七章　体能训练的测试与评价

第一节　体能测试与评价标准的发展

体能训练的科学性要求教练和运动员根据个体的具体条件制订训练计划。一个成功的训练程序始于对运动员当前体能状态的准确评估，这涉及一系列科学的测试、诊断和评价步骤。这些评估活动不仅是运动训练科学化的基本组成部分，而且是制定有效训练目标和创建个性化训练方案的必要条件。

在体能训练中，必不可少的一项内容是运动员的身体和生理功能的全面检查和评估，包括力量、速度、耐力、灵敏性和柔韧性的检查评估。这些测试结果有助于识别运动员在体能各方面的优势和弱点，从而使训练更加有针对性和高效。例如，肌肉力量测试可以确定哪些肌肉群需要更多的强化训练，而心肺耐力测试则可以帮助制定有氧训练的频率和强度。

此外，科学的体能测试不仅限于初步的诊断。在整个训练周期中，定期的跟踪评估是必不可少的，这可以监测运动员的进步和调整训练方案以适应其发展需求。这种动态的训练调整过程确保了训练的效果更好，也防止了过度训练和可能的运动伤害。

体能测定与评价的方法历来是体育科学研究的重要领域，其发展历程经历了多个重要阶段。19世纪末期，欧洲国家开始利用生理学和生物化学技术对运动员的体能状况进行系统的检测和评价，标志着体能测定的科学化起步。进入20世纪50年代，随着对运动生理学的深入研究，科学家对有氧代谢和无氧代谢过程的理解更加透彻，特别是关于磷酸原系统、糖酵解系统及糖、脂肪、蛋白质的有氧代谢。这一时期，研究人员开始详细探讨不同负荷条件下的身体机能和生理生化指标的变化规律。通过心率、血压、肺活量等基本健康指标的测试，科研人员能够评估运动员的健康水平和恢复状况，并逐步开发出台阶试验、PWC170实验、Wingate测试等多种评价方法，用以测定运动员的有氧能力、爆发力以及对不同运动负荷的适应性。

在我国，20世纪50—60年代，体能测试和评价也开始得到系统化的应用。通过实施基本的生理生化监控，结合台阶试验等方法，研究人员分析了血乳酸、血红蛋白、尿蛋白等指标，这为评定运动员的机能和制订训练计划提供了科学依据。随着竞技体育的发展，体能、技能、战术能力以及心理和智能的综合评价越发受到重视。测试和评价的热点转向了力量、速度、耐力、灵敏度和柔韧性等身体素质的全面评估。最大力量测试、爆发力测试和等速测试等成为与运动能力高度相关的重要评价指标，广泛应用于教练和运动员之间的训练调整。

在全球范围内，随着体育竞技的快速发展和比赛对抗的加剧，对运动员的体能要求不断提高。一些国家以及权威机构纷纷建立专门的体能测试体系，以确保运动员能够适应激烈的竞技环境并尽可能减少受伤风险。这些测试和评价方法从多维度客观反映出运动员的身体状态和运动能力，为竞技体育的科学训练和发展提供支撑。至今，竞技体育领域已经发展出一套全面的测试和评估体系，包括基础体能测试、运动体能测试、身体功能性测试以及专项体能测试，为制订科学严谨的训练计划、提高训练效率、促进运动员在比赛中的表现提供了坚实的科学依据。

第二节　基础体能测试与评价标准

　　体能是支持日常生活和体育活动的基础，可细分为基础体能和运动体能。基础体能涵盖了人体各器官系统的基本机能，如心血管、呼吸和代谢功能，这些能力是维持日常健康和活力的关键。而运动体能则指从事各种体育运动所需的速度、力量、灵敏性、协调性、平衡与反应等特定能力，这些能力在高技能性运动中尤为重要。基础体能和运动体能虽有交集，如心肺耐力和肌肉力量等，但它们在功能和重要性上各有侧重。

　　对体能的全面测试与评价是评估个体健康状况和运动表现的重要手段。特别是基础体能的测试，它不仅可以揭示个体的身体机能状态和健康水平，还能显现体育训练的成效。下面将深入探讨基础体能测试的几项重要指标和标准以及分析这些测试如何帮助更好地了解和提升身体机能。

一、心血管系统机能测试

　　心血管系统，包括心脏和血管，其功能水平是体能和健康的重要指标，可以反映一个人的身体发育、体质状况及运动训练水平。测试心血管系统主要通过监测心率和血压，这些指标能够提供关于个体心脏健康和功能状态的重要信息。

（一）心率测量与评定

　　心率，即心脏每分钟跳动的次数，是评估心脏功能的基本指标。心率的测量可以通过听诊法、指触法或心率遥测法等方式进行。指触法是一种简便的方法，通过触摸颈动脉或桡动脉来感知脉搏，通常测量10秒钟的脉搏数，然后乘以 6 得到每分钟的心率。心率的类型包括基础心率、安静心率、运动中心率和运动后心率。

对心脏机能的评估的方法也比较多样，如立卧位姿势下的脉搏差异测量、30 秒钟深蹲定量负荷测试、台阶试验等。这些测试不仅能评估心脏的基本工作状态，还可以通过对比不同情境下的心率变化来评估心脏对运动负荷的响应能力。

其中，30 秒深蹲测试是一种简单的实地测试，通过测量运动前后的心率变化来评估心脏功能。在测试过程中，受试者首先静坐 5 分钟测量安静心率，然后进行 30 秒的深蹲运动，立即测量运动后的心率，最后再次测量休息 1 分钟后的心率。

台阶试验则是另一种常用的心血管功能测试，通过让受试者在规定高度的台阶上连续运动 3 分钟，然后测量恢复期心率，来评估心脏的耐力和恢复能力。这种测试尤其适用于青年和成年人，可以提供心血管健康的重要数据。

（二）血压测量与评定

血压是血液在流动时对血管壁施加的侧压力，通常指的是心脏在一次心动周期中所产生的动脉血压变化。心室收缩时血压升至最高点称为收缩压，而心室舒张时血压降至最低点称为舒张压。收缩压与舒张压之间的差值则被称为脉压。

血压通常在上臂的肱动脉处通过听诊法进行测量。在这个过程中，使用一个充气的血压带来对动脉施加外部压力，通过听取血管内的血流声音的变化来确定不同的血压值。正常情况下，一个成年人在安静状态下的动脉血压应该相对稳定，收缩压范围通常在 90 毫米至 120 毫米汞柱之间，舒张压在 60 毫米至 90 毫米汞柱之间，脉压则在 30 毫米至 50 毫米汞柱。对于运动员而言，他们在静息状态下的收缩压通常位于正常值范围内，舒张压则常在正常值的下限范围。血压的测量还包括晨起血压和运动时血压的变化，这些都是评估个体心血管健康的重要指标。

评估心血管功能的方法多样，常用的有布兰奇心功指数、耐力系数以及体位平均血压指数。布兰奇心功指数的计算公式如下：

$$布兰奇心功指数 = 心率(次 / 分) \times \frac{收缩压(mmHg) + 舒张压(mmHg)}{100}$$

这种计算方法考虑到了心率和血压两个维度，使该指数能较全面地反映心脏负荷和血管的综合功能状态。布兰奇心功指数正常范围通常在 110 ~ 160 之间，平均值约为 140。数值大于 200 表示可能存在紧张性增高反应，而小于 90 则可能是紧张性低下反应。

耐力系数是通过将心率乘以 10 后除以脉压来计算的。耐力系数的正常值约为 16，指数越低表示心脏功能越好。

体位平均血压指数是通过比较不同体位（卧位与立位）下的血压差异计算得出，其公式如下：

体位平均血压指数 =（立位血压差 – 卧位血压差）× 100/ 立位血压差

这一指数可以用来评估血压在不同体位下的稳定性和调节能力，正常值或优等值为 0.0 以上，中等值介于 –18 ~ 0 之间，低于 –18 则评为下等。

二、呼吸系统机能测试

呼吸系统的主要职责是进行气体交换，确保体内的氧气供应和二氧化碳的排出。评估呼吸系统功能通常从肺通气功能的量度和呼吸运动控制能力的质量这两个方面进行，主要指数有以下几个。

（一）肺活量及其指数

肺活量，即一次最大呼吸过程中肺部的最大通气量，是衡量肺通气功能的关键指标。它反映了肺部及呼吸道的健康状态，依赖呼吸肌肉的力量以及肺和胸廓的弹性。肺活量与体重的比值称为肺活量指数，这个比值提供了一个量化肺通气能力相对于体重的效率的方式。肺活量指数的计算方式是将个体的肺活量（毫升）除以体重（千克），其数值越高，表明个体的呼吸系统功能越优秀。

在成年人中，正常的肺活量范围对于男性是 3 500 ～ 4 000 毫升，而女性则是 2 500 ～ 3 500 毫升。肺活量及其指数虽由基因和生理因素决定，但可以通过适当的体育锻炼进行改善。例如，有规律的有氧运动，如跑步和游泳，都能有效增强肺活量。增加体重而肺活量没有相应提高会导致肺活量指数下降，反映出呼吸系统的机能下降。因此，维持适当的体重和增强肺功能是提升肺活量指数的有效方法。

肺活量指数的评价通常依据性别和年龄分组。例如，对于大学生，优秀的肺活量指数可设定为男性每千克体重 70 毫升以上，女性则是 57 毫升以上。评级标准如下：

优秀：男性 ≥ 70 ml/kg，女性 ≥ 57 ml/kg

良好：男性 57 ～ 69 ml/kg，女性 46 ～ 56 ml/kg

及格：男性 44 ～ 56 ml/kg，女性 32 ～ 45 ml/kg

不及格：男性 < 43 ml/kg，女性 < 31 ml/kg

闭气试验是评估呼吸运动控制能力的一种方法。在这项测试中，受试者在深吸一口气后尽可能长时间地屏息。这种测试不仅能检测肺部容积的最大限度，还能测试呼吸中枢对持续供氧压力的适应能力和控制力。

通过这些测试和评估，医生和健康专家能够获得关于个体呼吸系统健康的重要信息，从而指导可能需要的医疗干预或生活方式的调整。

（二）时间肺活量及其指数

时间肺活量（Timed Vital Capacity, TVC）是通过在一定时间内尽快呼出最大吸气后的气量来测定的。这种方法能动态地反映呼吸机能，特别是呼吸肌的快速反应能力。健康成人在进行这项测试时，第一秒内通常能呼出约 83% 的最大肺活量，第二秒达到 96%，而第三秒可以达到

99%。这种测试通常需要借助专门的肺功能测试仪器来完成。

（三）5 次肺活量试验及其指数

5 次肺活量试验是一种用来测定呼吸肌耐力的方法。受试者在站立姿势下，每 15 秒钟测量一次肺活量，连续测量 5 次。这 15 秒内包括吹气和短暂的休息时间。如果 5 次测量结果基本接近或逐渐增加，就表明受试者的呼吸机能良好；如果结果显示逐渐下降，尤其是最后两次显著下降，则通常表明呼吸机能不佳。

定量负荷后 5 次肺活量试验是先测量受试者在静息状态下的肺活量，随后进行定量的运动负荷，如 30 秒内完成 20 次蹲起或进行 1 分钟的台阶测试。运动后立即测量 1 分钟至 5 分钟内的每分钟肺活量，共测 5 次。如果负荷后的肺活量逐次提高或保持在安静时的水平，就表明受试者的呼吸机能良好或正常；如果负荷后的肺活量逐次下降，且在 5 分钟后仍未恢复至安静时的水平，则指示呼吸机能不佳。

（四）最大通气量及其指数

最大通气量（Maximum Ventilation Volume, MVV）是指在一定时间内，以最适宜的呼吸频率和深度进行呼吸时所能达到的最大通气量。这是评估呼吸系统潜在功能和通气储备能力的一种方法，与个体的健康状况和体育训练程度密切相关。正常成年男性的最大通气量平均值约为 100 升，女性为 80 升。最大通气量的大小可以反映出呼吸系统的潜在功能强度，越大通常意味着更好的呼吸健康和体能水平。

通过不同的方法得到的综合的测量标准和指标，可以更全面地评估和监控个体的肺功能和整体呼吸健康状态，为呼吸相关的健康干预提供科学依据。

三、能量供应系统机能测试

体能水平与机体的代谢功能密切相关，这种功能主要取决于能量的供应及其利用效率。在这个过程中，ATP 的合成与消耗是核心环节。基于运动过程中骨骼肌 ATP 的合成和消耗路径，可以将代谢系统分为两大类：无氧代谢系统和有氧代谢系统。代谢功能的测试是体能评估中不可或缺的一部分，以下是两种常用的测试方法。

（一）无氧代谢能力测试

无氧代谢能力是指机体在没有氧气的条件下，主要通过磷酸原和糖酵解供能系统产生能量的能力。这种能力对于短时间、高强度的体育活动尤为重要，如短跑、跳跃和举重等。测定无氧代谢能力通常需要通过专门的实验室设备和测试方法进行，这些测试可以全面评估运动员的爆发力和短时最大输出能力。

1.磷酸原系统的测试

磷酸原系统的供能能力反映了肌肉在极短时间内利用磷酸原合成 ATP 的能力。常用的测试方法多种多样。例如，Quebec 10 秒运动测试是通过短时间的高强度活动来测量肌肉的瞬时最大输出能力。磷酸原能商法（Alactic Quotient, AQ）是通过测量无氧运动前后肌肉内磷酸原的消耗量来评估磷酸原系统的供能效率。30 米冲刺测试法是测量运动员在 30 米距离上的冲刺时间，以此评估其短距离爆发力。纵跳法是通过测量站立摸高与跳跃摸高的垂直距离来间接评估无氧供能能力。运动员从静止状态直接跳跃，测量两点之间的垂直高差。

2.糖酵解系统的测试

糖酵解系统的供能能力测试关注的是肌肉在中等时间范围内的无氧供能能力，常见的测试方法有以下几种。

Wingate 测试是评估无氧糖酵解能力的经典测试，要求受试者在 30 秒内在功率自行车上尽可能快速蹬车。该测试通常设定阻力系数以及测量 30 秒平均功率、总功率、最高功率（5 秒内的最大输出功率）以及疲劳指数，后者通过计算功率的下降比例得出。

60 秒最大负荷测试法是受试者在设定的一分钟内尽力完成最大限度的体力输出，通常用于评估中等持续时间的无氧性能。

45 秒乳酸能商法（Lactic Quotient, LQ）是通过测量特定时间内乳酸的积累量来评估糖酵解系统的供能能力，反映出肌肉耐力和乳酸阈的高低。

这些无氧代谢能力的测试方法不仅为运动员训练提供科学依据，也帮助教练制订更有效的训练计划，以提高运动员的运动表现和竞技水平。

（二）有氧代谢能力测试

有氧代谢能力与肌体输送氧气到肌肉和其他组织以及利用这些氧气的能力相关。这种代谢途径主要在长时间、中低强度的运动中发挥作用，如长跑或自行车骑行，因为它依赖充足的氧气来持续产生能量。

在中等到高强度的运动中，身体需要更多能量来维持活动。当运动强度低于乳酸阈时，身体能够通过有氧代谢有效地产生能量，并及时清除产生的乳酸。然而，当运动强度超过乳酸阈时，有氧代谢不能满足能量需求，身体开始依赖无氧代谢，导致乳酸快速积累。因此，肌肉和身体开始感到疲惫，乳酸阈实际上是衡量身体在特定运动强度下，能够平衡乳酸产生和清除的最大能力。

乳酸阈通常通过逐渐增加运动强度的测试来测定，这种测试可以在跑步机或自行车功率计上进行。在测试过程中，运动员从轻松的运动强度开始，逐步增加强度，每达到一个新的强度级别，会进行一次血液抽样以测量乳酸浓度。分析血样中的乳酸浓度，可以观察乳酸如何随着运动强度的增加而积累。乳酸阈通常被定义为血乳酸浓度达到 4 毫摩尔/

升的点。在这一点，乳酸开始显著积累，标志着无氧代谢的显著增加。

了解乳酸阈对于运动员来说非常重要，特别是对于耐力运动员，如马拉松跑者或长途自行车运动员。训练可以提高乳酸阈，允许运动员在更高的强度下长时间运动而不致疲劳。教练可使用乳酸阈数据来制订训练计划，以提高运动员的代谢效率和竞技性能。

通过定期测试乳酸阈，运动员和教练可以监测训练效果和体能状态的变化，确保训练计划的有效性和适宜性。此外，适当的乳酸阈训练可以帮助运动员更好地管理比赛节奏，避免过早疲劳。

第三节　运动体能测试与评价标准

结合运动员参与的特定项目对其进行功能性动作效率的测试和训练，已成为评估运动员潜在伤害风险和提升比赛表现的关键手段。这些功能性测试不仅关注基础体能，还针对运动员在特定运动中必须执行的复杂动作进行评估，如转体、跳跃和冲刺等，从而更精确地指导训练内容和强度。

运动体能测试便是一种用于评估个体在各种专项体育活动中所需的基本身体素质和机能的方法。身体素质，也称作身体适应性，涵盖了速度、力量、耐力、灵敏性、柔韧性、平衡和协调等多方面能力，这些都是在体育运动中表现出来的关键性能指标。这些指标和标准不仅反映了人体各器官系统在肌肉活动中的综合表现，还与个体的解剖结构、生理条件、训练水平以及营养状态等因素紧密相关。因此，采用合理的方法进行这些标准的测量，也是掌握运动技巧、提高训练成效的根本基础。

一、速度素质测试

速度素质测试是评估个体在快速运动能力方面的一系列测试，涉及对外界信号的快速反应、完成动作的速度以及在特定方向上的快速位移。这种能力的测试主要分为 3 个方面：反应速度、动作速度和位移速度。

（一）反应速度测试与评定

反应速度测试是一种评估个体对外界刺激做出反应的速度的方法。这种测试通常测量从接受刺激到做出反应所需的时间，也称为反应潜伏期。反应时间的测量为人们提供了了解运动员神经反应和身体协调能力的重要信息。反应速度包括视觉和听觉反应时间，其测试方法分为简单反应时间和复杂反应时间，复杂反应时间进一步细分为选择反应时间和辨别反应时间。

1.光反应测试

光反应测试是评估视觉反应速度的一种常用方法，通常采用专门的测试设备进行。具体步骤如下。

第一步，设备准备。打开测试设备，确保屏幕显示为 0.000，并确保所有指示灯熄灭。

第二步，开始测试。受试者准备，在按下"启动"键后 0.5 秒至 3 秒内（此时间随机变化），设备会随机点亮 1 号至 5 号键中的任一键并发出声音。

第三步，执行反应。受试者需要在看到信号灯后迅速松开"启动"键，并按下点亮的键。这一过程的时间被记录为简单反应时间。

第四步，记录结果。LED 屏幕会首先显示简单反应时间，进行 5 次操作后，按"功能"键显示平均简单反应时间，再次按键则显示平均综合反应时间。

2.全身跳跃反应测试

全身跳跃反应是测试评估身体对信号的全身反应速度，也是一种常用的反应速度测量方法。具体步骤如下。

第一步，位置准备。受试者站在跳台上，膝关节微屈准备跳跃。

第二步，信号接收。以光或声音信号为指令，受试者须尽快垂直跳起。

第三步，测量反应时间。使用表面电极记录小腿肌电活动，通过示波器记录从信号发出到肌电活动开始的时间（反应开始时间）和从信号发出到脚离开跳台的时间（全身反应时间）。

第四步，数据记录。连续进行 3 次测试，并取平均值记录，单位为毫秒。

反应速度还有其他多种测试方法，通过多种测试，可以详细了解受试者在不同情况下的反应速度。这些信息对于评估运动员的表现、制订有针对性的训练计划以及提高竞技性能具有重要价值。反应速度测试不仅展示了从感知器接受刺激到效应器做出反应的完整神经传导路径，还能帮助识别可能的反应延迟因素，为进一步的体能训练计划提供科学依据。

（二）动作速度测试与评定

动作速度测试主要用于评估个体或某一部位在执行单个或一系列动作中的速度表现。这类测试关键在于衡量运动员在技术性运动中的速度，如抓举、起跳或游泳转身等。动作速度的测试通常与技术动作的具体参数相结合，如起跳速度、角速度和加速度等。动作速度测试不仅反映了个体的反应能力，还涉及肌肉的快速收缩能力和协调性。

一个常见的动作速度测试是坐姿快速踏足测试，该测试测量受试者在坐姿下两脚交替执行踏足动作的能力。在测试中，受试者坐在特定的设备上，膝关节弯曲成 90 度，双脚快速上下交替踏动。测试通常在 10 秒钟内进行，记录受试者完成的踏足次数，并重复 3 次以确保结果的准确性。这种测试可以直观地反映受试者的动作速度。

另一个测试是两手快速敲击，这项测试评估受试者两手交替敲击的速度。在测试中，受试者站立，两手分别持棒，快速交替敲击对面的金属触板。同样地，这一测试也以 10 秒为周期，记录受试者在此期间完成的敲击次数。多次测试以获取最佳成绩，从而确保数据的可靠性。

（三）位移速度测试与评定

位移速度测试关注的是个体在短距离内达到的最大速度，常通过短距离极限强度跑来进行。这种测试可以采用定距计时或定时计距的方法，其中定距计时常用的距离为 30 米至 60 米，而定时计距则是在 4 秒或 6 秒内尽可能跑得远的距离。

一个典型的位移速度测试是 30 米跑，该测试要求受试者从静止状态迅速起跑，并在最短时间内跑完 30 米。通常进行两次测试，取最好的一次成绩。此外，4 秒或 6 秒冲刺跑也是一种常见的测试方法，受试者在发令后尽可能快速跑动，在听到停止信号后立即停下，测量其所跑的距离。

这些测试可以有效地评估运动员的速度素质，对于那些依赖快速起动和瞬间爆发力的运动尤为重要。通过定期进行这些测试，教练和运动员可以追踪训练进展，优化训练计划，并在竞赛中发挥最佳状态。

二、力量素质测试

力量素质测试主要用于评估人体神经肌肉系统在工作时克服或对抗阻力的能力，是评估个体运动能力的关键指标之一。

（一）最大力量的测试与评定

最大力量可以在静态（等长）或动态（等张）条件下进行测量，以评估肌肉在单次最大努力中能发挥的最大力量。

常用的最大力量测试方法有握力测试。握力测试是先利用握力计，调整握力计指针至零点。受试者调整握距，使握力计适合手掌大小，确保中指第二关节弯曲成 90 度角。然后受试者两脚自然分开站立，手臂自然下垂，全力握紧握力计。每只手测试两次，记录最佳成绩。

背肌力测试也是测量最大力量的一种方法，受试者站在背力计底盘上，调整拉杆到膝盖上缘高度。然后上体前倾，双手握杆，用力抬起上体，注意膝关节保持伸直。进行两次测试，记录最佳成绩。

卧推测试是一种评估上体最大力量的标准方法，特别关注胸部、肩部和上臂肌肉的力量。这项测试通过测量一个人在单次尝试中能够安全举起的最大重量，即 1RM 来进行。它是测定力量训练效果的一个重要指标，常用于体育运动员和健身爱好者的力量评估。进行卧推测试之前，重要的是确保所有设备均设置得当，处于正常可用状态。开始测试前的热身也非常关键，通常包括一些轻重量的卧推来预热肌肉和关节。这不仅可以减少受伤的风险，还可以提高测试的准确性。测试本身开始时，受试者应选择一个相对较轻的重量进行卧推，以确保能够舒适地完成推举动作。之后，重量逐渐增加，每次增加应控制在一个安全且适当的范围，如每次增加 2.5 千克至 5 千克。在每次增重后，受试者应充分休息，以确保有足够的体力进行下一次尝试。在尝试推举最大重量时，非常重要的是要有一位或多位助手或教练在场以确保安全。当受试者无法再安全地推举更重的重量时，就达到了他的 1RM。记录这个重量后，可以根据这一数据评估受试者的力量水平和训练进度。卧推不仅是力量测试的一部分，还广泛用于体能训练中，以帮助增强肌肉、改善体态和提高运动表现。定期进行卧推测试可以有效追踪训练效果，调整训练计划，确保训练目标的实现。

（二）快速力量的测试与评定

快速力量是指肌肉在短时间内发挥出的力量，通常与运动员的表现能力密切相关。评估快速力量可以使用动力曲线描记图来分析肌肉在特定动作，如下肢蹬地或上肢击打时的力量表现。这种分析能够帮助运动员了解肌肉在实际运动中的快速响应能力。

快速力量的测试不仅限于动力曲线的分析，还可以通过计算快速力量指数来具体评估。此外，使用三维测力台或等速测力仪等高级设备可以准确地测量和评估肌肉的快速力量和下肢的爆发力。这些设备通过精确地测量力量的大小和速度，提供详细的数据支持力量训练和性能评估。

（三）爆发力的测试与评定

爆发力是运动表现中极为关键的一种力量类型，尤其是在需要快速肌肉收缩的运动中。爆发力通常通过立定跳远和原地纵跳等方法来测试。

（四）相对力量的测试与评定

相对力量指的是个体每千克体重所能发挥的最大力量，这是评估运动员力量水平的重要参数，尤其在需要考虑体重类别的运动中更为重要。相对力量的测试通常在最大力量测试的基础上进行，计算方法是将测得的最大力量（如卧推或深蹲的 1RM）除以体重，得到的比值表示为每千克体重的最大力量。

（五）力量耐力的测试与评定

力量耐力是指在较长时间内连续或重复执行力量动作的能力。这种能力对于许多体育活动来说极为关键，尤其是那些需要持续体力输出的运动。力量耐力的测试通常通过计算在固定时间内完成特定运动的次数进行评估。这种测试方法可以准确地衡量运动员在疲劳累积下维持力量输出的能力。

常用的力量耐力测试方法有一分钟仰卧起坐测试，即受试者在一分钟内尽可能多次地完成标准的仰卧起坐动作。还有俯卧背伸法，此测试主要评估下背部肌肉的力量耐力。受试者俯卧在地，双手置于背后或头后。在计时开始时，受试者尽可能多次地抬起上半身，直到上半身与地面成一定角度后再返回。记录在规定时间内完成的有效次数。

通过这些方法，训练师和运动员可以获得关于力量水平的全面信息，有助于优化训练计划并提高运动表现。这些测试为运动员提供了准确的力量评估，帮助他们在竞技和训练中取得更好的成绩。

三、耐力素质测试

耐力是体能的一个核心组成部分，它不仅反映了人体在进行持久运动时对抗疲劳的能力，也是体育竞技中不可或缺的要素。在运动科学中，耐力通常被定义为在尽可能长时间内维持一定强度运动的能力。这种能力不仅是体力的体现，也是心血管系统、肌肉系统以及意志力的综合反映。耐力的高低直接关系到运动员在比赛中的持久性和表现。

耐力可以分为两大类：肌肉耐力和心血管耐力。肌肉耐力，又称为力量耐力，主要与肌肉的持久工作能力有关。心血管耐力则涉及身体对氧气的供应和利用能力，根据需氧程度不同，可进一步划分为有氧耐力和无氧耐力。

有多种方法可以评定运动员的耐力水平。常见的有氧耐力测试包括通过定距计时的方法，如 1 500 米到 10 000 米的跑步、400 米到 3 000 米的游泳以及长距离的自行车骑行和划船等。另外，定时计距的方法，如 12 分钟跑也广泛用于评估耐力。这些测试通过测定完成特定距离所需的时间或在规定时间内完成的距离来评估个体的耐力水平。

最大摄氧量是常用的耐力测试指标，它表示个体在最大运动强度下每分钟能摄入的最大氧气量。这个指标不仅可以准确地评估一个人的心血管耐力，还能为耐力训练提供科学的指导，帮助教练和运动员更精确地理解和提升耐力表现。

四、柔韧素质测试

柔韧素质是指人体关节和肌肉群在不同方向上的运动能力和伸展能力，这种能力体现在关节的活动范围以及肌肉和韧带的伸展性方面。柔韧性的测试有助于评估个体的身体灵活性，这对于所有运动项目来说都非常重要。此外，柔韧性与减少受伤风险、提高运动性能和保持日常活动的舒适度密切相关。

柔韧素质可以分为一般柔韧素质和专门柔韧素质。一般柔韧素质涉及主要关节，如肩、膝和髋等的活动幅度，而专门柔韧素质则与特定运动技能直接相关，如体操运动中的柔韧性需求或武术中的特定伸展动作。良好的柔韧素质不仅是运动表现的基础，还有助于防止因柔韧性不足导致的运动损伤。常见的柔韧性测试方法有以下几种。

（一）肩部柔韧性测试

肩部柔韧性测试主要评估肩关节的活动范围。在进行此测试时，测试者站立，一只手从上方向下伸展，试图在背后触碰另一只从下方上伸的手。这一测试不仅能检查肩部的活动范围，还暗示了上背部和肩膀的柔韧性。若两手能够相触或接近，表明肩部柔韧性良好。

（二）立位体前屈

立位体前屈测量的是髋关节和腰部的灵活性。测试者双脚并拢站立，尽量向前弯腰，用手指尖推动前方的标尺或测量带。这个测试可以评估下背部及腿后侧肌肉群的柔韧性，对于预防腰背部问题尤其重要。

（三）俯卧背伸

俯卧背伸主要测量脊柱的伸展性。受试者俯卧地面，双手交叠放在臀部上，尽可能地抬起上半身，同时由测试者用直尺测量其鼻尖离地面的最高点。此测试有助于评估脊柱及下背肌肉的伸展能力。

（四）转体测试

转体测试主要测量腰部和脊柱的旋转灵活性。测试者站立，双脚分开约30厘米，手肘弯曲背后握住一根标有角度的木棍，然后尽可能向左右两侧转体。每侧转体的最大角度反映了腰部的柔韧性。

上述测试可以全面评估个体的柔韧性水平。维持良好的柔韧性不仅对于运动表现至关重要，对于日常生活中的活动质量和避免由于身体僵硬导致的伤害也同样重要。因此，定期进行柔韧性训练和测试是每个人健康生活的重要组成部分。

五、灵敏素质测试

灵敏素质是体育训练中重要的体能指标之一，它指的是运动员在各种突发情况下迅速、准确、协调地改变身体位置和运动方向的能力。这种能力在多变的竞技环境中尤为重要，如足球、篮球、网球等运动中的快速变向、急停和急起。灵敏素质的高低很大程度上取决于个体的神经肌肉协调性、反应速度和爆发力。此外，灵敏性训练能有效提升运动员对比赛环境的适应能力，增强其竞技表现。

灵敏素质可以分为一般灵敏素质和专门灵敏素质。一般灵敏素质涵盖了日常生活和各类体育活动中常见的基本身体反应和动作变换能力，而专门灵敏素质则更侧重于特定运动项目的需求，如某些体育竞技中要求的特殊动作速度和方向变换能力。

灵敏素质的评定方法有以下几种。

（一）反复横跨测试

这是一种测试运动员在平面上快速横向移动能力的方法。在此测试中，运动员在两条距离 1.2 米的平行线间快速横向移动。从中间线开始，运动员会根据指令向一侧迅速跨步，接着返回起始位置，然后向相反方向进行相同动作。这一连续动作计为一次完成，测试通常持续 20 秒，记录运动员在此期间完成的总次数和得分。这个测试可以有效评估运动员的反应速度和横向移动的协调性。

（二）象限跳测试

象限跳是测量运动员快速跳跃能力及其在空间中控制肌肉运动和克服身体惯性的能力的一种方法。在这个测试中，运动员需要在不同的象限间连续跳跃，通常在 10 秒内完成尽可能多的跳跃。每次成功跳入一个象限都会被计为一次。这种测试不仅考验了跳跃力，还考验了运动员的空间感知和快速方向变换能力。

（三）立卧撑测试

立卧撑测试是用来测量运动员迅速从站立到俯卧再返回站立位置的能力。在此测试中，运动员需要从直立位置迅速下蹲，然后迅速伸直腿部进入俯卧撑位置，之后再快速收腿返回到蹲撑位置，最后站立恢复初始姿势。测试通常计算在规定时间内正确完成这一系列动作的次数。这个测试非常适合评估运动员的动作转换速度、身体协调性及肌肉控制能力。

通过这些灵敏素质的测试，教练和训练师能够获得关于运动员灵敏性表现的详尽数据，有助于制订更加具有针对性的训练计划，以提高运动员在竞技场上面对复杂环境时的应对能力和表现。

然而，任何体能测试和评估方法、标准都存在其局限性。人体的运动表现极为复杂，且受多种内外因素影响，如环境条件、心理状态和生理周期等。因此，尽管实验室测试和场地测试可以提供关于运动员体能和技能的重要数据，但它们无法完全预测比赛中的实际表现。为此，综合运用多种测试和评价方法显得尤为重要，如引入视频分析、生物力学评估、心理评估以及战术分析等多种方法以及运用多种新技术手段，能够为运动员的训练和比赛准备提供更全面的视角。这种多维度的评估策略有助于科学制订训练计划，减少对单一测试结果的过分依赖，从而降低训练和比赛的盲目性，提高运动员的整体表现和运动的安全性。

第四节 不同人群体能测定与评价标准

全球对健康的日益关注使各国增强对国民基本运动能力和健康水平的测试与评估，许多国家已经推出了各自的国民体质测试标准。在我国，为了进一步促进国民对体育运动和身体健康的关注，国家制定了体质测定标准，旨在提升大众的身体素质和健康意识。我国目前的体能训练评价标准有以下几种。

一、《国民体质测定标准》

自 2000 年起，国家体育总局等 10 个部门，在全国范围内对 3 岁至 69 岁的国民进行体质监测。通过分析 533910 个有效样本，这些部门用了 3 年时间，基于 18 岁至 60 岁男性及 18 岁至 55 岁女性的测试数据，成功制定了《中国成年人体质测定标准》。[①] 在过去的 20 多年中，这一标准已经成为评估中国国民体质健康状况和全民健身活动效果的关键工具，并且对国民体质的监测、健康水平的提高、全民健身活动的推广以及国家经济和社会的发展均做出了显著贡献。

随着时间的推进，国民的体质健康状况和需求有了新的发展和变化，大众的体质状态呈现出多样化发展。这些变化促使相关部门和机构在维持原有标准的基础上，进行评估标准的更新和优化，以确保其科学性和适应性，从而更好地服务于国民的健康需求。

经过多次修订，国家体育总局于 2023 年发布了《国民体质测定标准（2023 年修订）》，修订版将老年人的年龄上限从之前的 69 岁提升至

---

① 江崇民，于道中，季成叶，等 .《国民体质测定标准》的研制 [J].体育科学，2004，24（3）：33-36.

79 岁，并引入了针对 70 岁至 79 岁老年人群的特定体质测定项目和标准。这一变化不仅扩大了国民体质监测的覆盖范围，也体现了对老年人健康状况的更大关注，反映出政府在应对人口老龄化挑战时的前瞻性。此外，修订后的标准在评价国民体质的方法上做出了调整，增加了对身体形态指标的比重，包括身高、体重、腰围、皮褶厚度和体脂率等，以提供更全面的健康评估。《国民体质测定标准（2023 年修订）》规定的体能测量方法和标准见表 7-1。

表 7-1　《国民体质测定标准（2023 年修订）》测试标准[①]

人　群	测试指标	具体测试项目
幼儿 （3～6 岁）	身体形态	身高、体重
	身体素质	握力、立定跳远、坐位体前屈、双脚连续跳、15 米绕障碍跑、走平衡木
成年人部分 （20～49 岁）	身体形态	身高、体重、体脂率
	身体机能	肺活量、功率车二级负荷试验
	身体素质	握力、纵跳、俯卧撑（男）/跪卧撑（女）1 分钟仰卧起坐、坐位体前屈、闭眼单脚站立、选择反应时
成年人部分 （50～59 岁）	身体形态	身高、体重、体脂率
	身体机能	肺活量、功率车二级负荷试验
	身体素质	握力、俯卧撑（男）/跪卧撑（女）1 分钟仰卧起坐、坐位体前屈、闭眼单脚站立、选择反应时
老年人 （60～79 岁）	身体形态	身高、体重、体脂率
	身体机能	肺活量、2 分钟原地高抬腿
	身体素质	握力、坐位体前屈、30 秒坐站、闭眼单脚站立、选择反应时

① 国家国民体质监测中心.国家国民体质监测中心关于发布《国民体质测定标准（2023年修订）》的通知 [EB/OL].（2023-08-10）[2024-07-31].https://www.sport.gov.cn/n315/n20001395/c25880704/content.html.

二、《国家学生体质健康标准》

学生体质健康一直是学校体育工作的重点，它不仅关系到学生的健康发展，还直接影响到学生的学习效率和生活质量。《国家学生体质健康标准（2014 年修订）》作为我国学校教育的基础性指导文件，经过多次修订和完善，已经成为评估学生核心素养和体育学习质量的关键标准。

《国家学生体质健康标准（2014 年修订）》对测试对象进行了分组，包括小学每两年级一组，中学和大学各年级一组。

学生的测试得分总和为 100 分，评定等级分为优秀（90 分及以上）、良好（75 分至 89 分）、及格（60 分至 74 分）和不及格（59 分及以下）。每学年评定一次，并记录在《国家学生体质健康标准登记卡》上。学生毕业时，其体质健康标准的成绩和等级由当年得分和其他学年平均得分各占 50% 的合计得分决定。

其中，《国家学生体质健康标准（2014 年修订）》对大学生的体质测量和评估做出了详细的规定，大学生体质的单项指标与权重见表 7-2。

表 7-2　大学生体质的单项指标与权重

单项指标	权重 / %
体重指数（BMI）	15
肺活量	15
50 米跑	20
坐位体前屈	10
立定跳远	10
引体向上（男）/1 分钟仰卧起坐（女）	10
1 000 米跑（男）/800 米跑（女）	20

注：体重指数（BMI）= 体重（千克）/ 身高 ^{2}（米 ^{2}）。

三、《普通人群体育锻炼标准》

《普通人群体育锻炼标准》是构成《国家体育锻炼标准》的核心部分，专为 20 岁至 59 岁的生理与心理健康的成年人设计。该标准根据性别和年龄差异，划分为男、女共 16 个组别，确保每个群体的特性都能得到相应的关注和适应。[①]

该体育锻炼标准包括耐力、速度、柔韧性、灵敏度和力量 5 大类指标，男、女共涵盖 23 项具体测试项目。这些项目全面覆盖了身体的主要运动能力和健康指标，旨在促进个体全方位的体能发展。

该标准评价体系与《国民体质测定标准（2023 年修订）》保持一致，分为 5 个级别，提供清晰的量化数据，以评估个人的体育锻炼效果。级别 "4" 和 "5" 代表较高的体能状态，未达到这两级的个体被推荐纳入更系统的锻炼计划，以提高其体能水平。[②] 这种分级方法不仅能够帮助个人了解自己的体能状态，也便于个人设定具体、可实现的健身目标。

四、《国家体育锻炼标准》

2013 年，国家体育总局等部门对《国家体育锻炼标准》再一次进行修订，将《普通人群体育锻炼标准》与《国家体育锻炼标准》合二为一[③]，并首次将适应人群扩展至老年人群，覆盖 6 岁至 69 岁的各年龄段，适用于儿童、少年、青年、壮年和老年等主要组别。这一全覆盖的设计

[①] 国家体育总局. 普通人群体育锻炼标准施行办法（试行）[EB/OL].（2008-05-12）[2024-07-31].https://www.sport.gov.cn/gdnps/content.jsp?id=572583.

[②] 关于印发《普通人群体育锻炼标准》施行办法（试行）的通知《普通人群体育锻炼标准》施行办法（试行）[J]. 中华人民共和国国务院公报，2003（27）：39-41.

[③] 马思远. 我国体育锻炼标准的制度化历程与功能嬗变[J].首都体育学院学报，2021，33（5）：481-487.

确保各年龄层都能找到适合自己的锻炼方式，从而更好地促进健康。①

《国家体育锻炼标准》针对社会发展的需求，通过简化和优化测试项目，不仅延续了以往的测验项目，还融合了国内外的先进测验方法。项目设置精简而科学，侧重于力量、速度、耐力、灵敏度和柔韧性5大类身体素质测验，并提供选测项目，以适应不同年龄组的特点。

五、其他

除了以上提及的评价体系，我国还有专为特定职业群体设计的标准，这些标准针对不同职业的具体需求和特性，设定了一系列适合其职业活动的体能测评项目。

这些评价标准普遍包括对心肺耐力素质、肌肉力量与耐力素质以及柔韧性素质的全面评估。这些指标对于维持职业活动的高效能和安全至关重要。

---

① 蒋亚明《国家体育锻炼标准》修订工作进展发布[EB/OL].(2013-08-07)[2024-07-31].
https://www.sport.gov.cn/n20001280/n20745751/n20767349/c21098655/content.html.

参考文献

[1] 董青，王洋.大学体育理论与实践教程 [M].4 版.北京：对外经济贸易大学出版社，2023.

[2] 张舒，尹上.高校体育教育理论及教学探索 [M].长春：吉林人民出版社，2023.

[3] 杨艳生.体育教学改革与创新实践研究 [M].长春：吉林人民出版社，2021.

[4] 史健，王凯，张强.大学在线体育教学研究 [M].北京：中国商业出版社，2021.

[5] 蔺新茂，孙思哲.我国学校体育教学内容研究 [M].重庆：重庆大学出版社，2020.

[6] 李婷婷，刘琦，原宗鑫.现代学校体育教学理论与方法 [M].长春：吉林人民出版社，2020.

[7] 王冬梅.高校体育教育创新发展研究 [M].长春：吉林人民出版社，2021.

[8] 施小花.当代高校体育教育理论与发展探究 [M].长春：吉林人民出版社，2021.

[9] 王彦飞.当代学校体育与教学 [M].赤峰：内蒙古科学技术出版社，2021.

[10]钟贞奇.大学生体育健康与体育运动 [M].长春：吉林人民出版社，2021.

[11]张丽梅.体育教育的多维研究与训练 [M].北京：中国纺织出版社，2019.

[12]李景丽.创新教育背景下的体育教学发展探索 [M].南京：南京出版社，2022.

[13]高立群，王卫华，郑松玲.素质教育视域下大学生体育教学改革研究 [M].长春：吉林人民出版社，2019.

[14]侯彦朝.现代体育教育与运动训练协同发展研究 [M].长春：吉林人民出版社，2022.

[15]王立伟.体育教学与思维创新 [M].南昌：江西科学技术出版社，2020.

[16]孙琦林.高校体育教学与科学化锻炼研究 [M].长春：吉林人民出版社，2023.

[17]曹丹.体育健康与体育教育学研究 [M].天津：天津科学技术出版社，2018.

[18]胡娟，吕宏蕾，钟宏伟.体育游戏下体育教学的创新分析 [M].长春：吉林人民出版社，2020.

[19]王丽丽，许波，李清瑶.教育技术在高校体育教学中的实践探索 [M].长春：吉林人民出版社，2021.

[20]刘汉平，朱从庆.我国高校公共体育课程教学的发展与改革探究 [M].长春：吉林人民出版社，2020.

[21]许宇斌，黄淮雷，陈历泽.现代教育理念视域下体育教学与训练体系的优化 [M].北京：中国书籍出版社，2022.

[22]孙存占.体育教学与健康教育 [M].南昌：江西高校出版社，2019.

[23]杨景元，董奎，李文兰.体育教学管理与教学现状 [M].长春：吉林人民出版社，2019.

[24]邱建华，杜国如.体育与健康教学研究 [M].南昌：江西科学技术出版社，2019.

[25]卢永雪，刘通，龙正印.体育教学技能训练 [M].成都：电子科技大学出版社，2019.

[26]谢萌.高校体育文化教育研究 [M].长春：吉林人民出版社，2021.

[27]曹垚.现代体育教学理论与实践训练探索 [M].长春：吉林人民出版社，2020.

[28]姜振捷，徐云鹏.体育与健康 [M].重庆：重庆大学出版社，2021.

[29]王晓云.新时期高校体育健康课程教学实践优化研究 [M].青岛：中国海洋大学出版社，2019.

[30]冯世勇.体育文化与实践研究 [M].北京：中国政法大学出版社，2019.

[31]章诗涵.运动教育模式在高校体育教育专业武术普修课中的教学效果研究 [D].黄石：湖北师范大学，2024.

[32]邢婉晴.多元反馈教学法在高校体育教育专业排球普修课教学中的应用研究 [D].武汉：武汉体育学院，2024.

[33]汪初初.师范认证背景下体育教育专业教学质量评价指标体系构建研究 [D].武汉：武汉体育学院，2024.

[34]梁晨.教育数字化背景下体育教师数字素养评价指标体系的构建研究 [D].武汉：武汉体育学院，2024.

[35]傅锦文.教育生态学视角下江西省普通高校公共体育教育研究 [D].景德镇：景德镇陶瓷大学，2023.

[36]古鹇媛.体教融合背景下体育渗透"心育"的路径与策略 [D].赣州：赣南师范大学，2023.

[37]牟柳.高校体育教育专业核心课程的人文价值及其实现 [D].重庆：西南大学，2021.

[38]李洋洋.普通高校学生体育课堂成就情绪研究 [D].大连：辽宁师范大学，2020.

[39]李瑞杰.智慧教育视域下高校智慧体育构成要素的理论与实践研究[D].北京：北京体育大学，2020.

[40]王彦收.数字化赋能高校体育教学的价值意蕴与实施路径[J].教育理论与实践，2024，44（21）：57-60.

[41]陈丽，沈辉，吴畏.普通高校公共体育教学数字化现状与建设路径研究[J].文体用品与科技，2024（13）：103-105.

[42]段红允.创新创业背景下高校公共体育教学改革研究[J].湖北开放职业学院学报，2024，37（12）：12-13，16.

[43]齐常春.数字技术环境下高校线上体育教学实践探索[J].文体用品与科技，2024（12）：127-129.

[44]孟学智，韩晨光，高海亮.立德树人视域下新疆高校体育教学改革策略探讨[J].昌吉学院学报，2024（3）：110-113.

[45]高翔，王革，孙帅，等.新时代高校体育教学团队评价指标体系建构的实证研究[J].韩山师范学院学报，2024，45（3）：76-86.

[46]高中玲，陈亮.OBE理念下高校体育教学模式的有效构建[J].辽宁省交通高等专科学校学报，2024，26（3）：88-91.

[47]陈抗.新时期高校体育舞蹈教学的创新思路研究[J].佳木斯职业学院学报，2024，40（5）：43-45.

[48]杨文明.高校体育课程线上线下混合式教学模式探索[J].佳木斯职业学院学报，2024，40（5）：76-78.

[49]雷文静.新媒体赋能高校体育教学资源开发的策略研究[J].新闻研究导刊，2024，15（10）：116-118.

[50]陈超，宋金庄，刘硕，等.高校体育教学数字化转型的理论逻辑、实践困境与推进策略[J].唐山师范学院学报，2024，46（3）：114-118.

[51]何文多，刘迎春.武化育人视角下高校体育教学优化策略研究[J].当代体育科技，2024，14（14）：34-37.

[52] 徐钒，付瑶，胡峻榕.高校公共体育教学发展现状及对策分析：基于高校体育教师的口述历史 [J].当代体育科技，2024，14（14）：54-57.

[53] 李森.人工智能在高校体育教学改革中的应用策略研究 [J].湖北开放职业学院学报，2024，37（9）：167-168，171.